如何成为一个㑹学习的人

[日] 粂原圭太郎——著

くめはら
けいたろう
撰写者

富雁红——译

长江出版传媒

长江文艺出版社

| 前言

学霸和头脑竞技冠军的最强技巧

大家对于"学习"是一种什么印象？

我暂且把学习比作"玩滑梯"。

很多人在滑下来以前，会感觉爬台阶很累，很辛苦，但一旦开始滑行，会有一种全身心都很放松的感觉。

身体开始下滑，即使想停也停不下来，这就是学习的自动化。

我从来都没觉得学习有多么辛苦或者多么痛苦，一次都没有。相反，我感觉学习是一件非常快乐的事情，现在仍然享受持续学习的状态。

我在高中时创下了偏差值 95 的记录，据说每 33 万人之中才会产生一人，并以第一名的成绩考上了京都大学经济学部。

我从小学开始参加日本竞技歌牌比赛，并获得了"名人①"冠军称号。

学习和头脑竞技都达到极致的我，目前开办了一对一的

———————————

① 日本竞技歌牌比赛根据竞赛者等级举行，其中名人战和女王战属于最高峰竞赛，于每年 1 月举行。

在线学习班，针对每个人的情况进行最适合的指导和帮助。

在指导时，我经常提到自己取得偏差值 95 时的古汉语学习经验。

达到偏差值 95 的那次古汉语考试，我只用了两周的时间就完成了古汉语学习。在那两周里，无论睡着还是醒着，我满脑子都是古汉语，简直是如痴如醉。

这种体验逐渐升华为本书介绍的"偏差值 95 的学习术"。

如果所有人都能够进入这种完全专注的状态，即使想不学习都难。

正是因为很多人都达不到这种精神状态，所以他们无法对学习持之以恒。

回想起来，无论是京大的状元，还是日本竞技歌牌冠军，都并非强迫自己忍受痛苦、强行努力才最终获得学习该有的成果。

而是因为快乐，因为喜欢，所以自然而然地投入其中，夜以继日地持续下去的结果而已。

而且，这种"投入的力量"、这种"专注力"才是取得成果最重要的条件。

越聪明的人，越能无意识地发挥出专注力

通过观察京大的同学、东大的学生以及其他所谓头脑聪明之人，我发现他们中大多数人都无意识地发挥着投入的力量，即专注力。

不仅学习如此，其他兴趣爱好或别人难以理解的其他领域也是如此，在日常生活中，只要执着地投入于某件事情，就会收获相应的成果。

很多关于如何学习的书籍都是在传授"有效的方法"。

当然，方法很重要，但是无论掌握了多么有效的学习方法，如果不能持之以恒，也无法取得成果。

要想保持学习的持续性，最重要的是首先要进入到那个世界中，把无聊的学习变成一件快乐的事情。

越投入就会越开心，越开心就会越多地投入。

投入和快乐这两个车轮，能够持续地交替前进。

成功率 95% 的学习术，提高你的成绩！

我通过一对一的指导，在掌握学生学习能力的基础上，提出其所需的教材，并进一步传授学习方法，定期进行探讨。

我的学生从四年级的小学生到五十几岁的成年人，各年龄段的人都有，他们的目标都是要"考试成功"，因此我也会讲授很多实现目标的有效方法，但在此之前，最重要的就是我会引导他们学会全身心投入。

与其说我是在教学生们如何学习，不如说我是在打造一种快乐学习、全身心投入的状态，最终使学生们发生翻天覆地的转变。

· 一个月内，TOEIC 成绩从 550 分提升至 750 分

· 一年内，偏差值从 35 提升至 70，一次性通过了志愿学校的考试

· 三个月内，定期考试从 200 名上升至第 2 名

这些只是成功案例中的一小部分而已，到目前为止，我

教过的 95% 的学生都实现了成绩的提升。

从这个成功率可以看出，绝大部分人都能够做到全身心投入。

那么如何开启全身心投入这个按钮呢？本书将毫无保留地介绍给大家。

只要学会了"全身心投入"，再做任何事情都能够所向披靡。

因为投入其中会非常快乐，所以整个人会变得越来越主动学习，越来越想吸收新的知识。

思想意识转变了，看事物的眼光也随之改变。因为想把时间花在自己喜欢的学习上，所以会逐渐在时间的使用效率上下功夫。

即使不特意去学习如何有效利用时间，也能够自然而然地进入高效的学习状态。

因此，成绩的提升是必然的。

学习越来越快乐，就可以持之以恒！

在本书中，我将这些一对一传授给学生们的方法，整理成一套人人可以自学的知识体系。

在第 1 章中，介绍了全身心投入的"心理意识"。这是让大家理解专注力的第一步。

在第 2 章中，不仅介绍了专注力，还介绍了提高逻辑思维能力和记忆力的具体方法。在学习中，这三种能力缺一不可。本书挑选的是一些简单易行、人人都能马上掌握的方法。想尽快学以致用的人，可以从第 2 章开始阅读。

在第 3 章中，介绍了如何建立专注力的机制。掌握了这些方法，就可以消除对学习的畏难意识，打造对学习全身心投入的状态。

在第 4 章中，介绍了持续地快乐学习的诀窍。也许有人会认为某些方法过于离奇古怪，但我一贯主张，只要能够快乐学习，任何方法都可以。

其实，学习根本不需要做什么思想准备。

希望大家能够轻松地，不受任何条条框框的束缚，以自由的意识去面对学习这件事。——本书也始终贯穿着这种意识。

通过本书，希望能够帮助大家登上滑梯的台阶。

接下来，大家只需要坐在滑梯的顶端，自由地滑落就可以了。

在滑梯的尽头，梦想中的目标正在等待着你的到来。

我会让大家梦想成真。

目录 | CONTENTS

第1章 学习停不下来！
只要磨炼专注力，任何人都能成功！

- -

第2章 同时提高逻辑思维能力、
记忆力、专注力的学习术

第3章 把"做不到"变成"做得到"！
把不擅长的领域变成擅长的领域

第4章 只有聪明之人才有的快乐学习的习惯

序 章

能提升任何考试成绩！
"成功率 95%" 的学习术是什么？

出类拔萃的聪明人和普通人的区别

　　世上有头脑聪明、成绩优异的出类拔萃之人。反之，也有对学习不感兴趣、成绩很难提升的人。

　　他们的区别到底在哪里呢？

　　我认为答案就在于是否全身心投入。

　　我在高中时，曾在古汉语考试中创下了偏差值95的记录。

　　听到这里，可能有很多人会认为"那是因为你本来就很聪明，而且一直在学习古汉语吧？"

　　但事实上，在此之前我几乎没学过古汉语，只是在考试前两周才开始学习的。

　　但在那两周里，我一直心无旁骛地学习，无论睡着还是醒着，满脑子都是古汉语。

　　也就是说，那时候的我如痴如醉地沉迷于古汉语之中。

　　能够全身心投入学习使成绩得到快速提升的，不仅仅是我一个人。

比如，在 2012 年的"中国女子奥林匹克数学竞赛"中，葛西祐美小姐成为首位获得该赛事冠军的日本人，并且此后多次蝉联冠军。她在上小学的时候就迷上了数学，并一直专注于此。最终，她以绝对优势考上了东大理科三类①。

　　可以说，能取得如此优异成绩的人，一定是做事情能够全身心投入的人。

　　话虽如此，全身心投入并不仅仅是头脑聪明之人的特权。

　　大家应该都有过全身心投入某件事的经历吧。

　　比如追偶像剧或者玩游戏的时候，大脑不会想其他的事情，而是完全沉浸在那个世界里。

　　是的，任何人都能做到对某件事全身心投入。

　　只不过，"学习很无聊"的这种潜意识使你无法全身心地投入学习。

　　只要能将每个人都与生俱来的专注力运用到学习中，就能逐渐沉浸在学习的世界里，并不断地自动前行，等自己意识到的时候已经获得了成功。这并不是在做梦。

_____

　　①　东京大学理科三类即东大医学部。

我在给学生们上课的时候，就非常重视培养他们的专注力。

当然，为了让他们能够顺利通过考试，我也会传授很多有效的学习方法。但是，通过跟许多学生的接触，我意识到这些方法要想奏效，前提是必须要全身心投入学习。

在全身心投入的状态下去学习，95% 的学生都提高了成绩。另外的 5% 是尚未正式跟我学习就退学了的学生，所以实际上可以说我的学生百分之百都提高了成绩。

我通过一对一的教学，针对每个人的情况进行最适合的学习方法指导。我的教学特点之一是要求每个学生都要汇报当天的学习进展状况。

回顾当天所学的内容对于记忆的固化非常重要，因此在每日汇报中要明确自己是否做到了这一点。

而且，每隔 10 天左右，我会在线确认进展状况，让学生们提出存在的问题和感觉进展不顺利的地方等，并给出建议。

如果不了解自己现在的状态就无法提出问题。因此，我的学生们已经养成了自然而客观地审视自己现状的习惯。每天的这种"自我检查"，对于全身心投入学习是很重要的（这些将在第 2 章中进行详细说明）。

比如，著名的"记录式减肥法"据说只需要每天记录体重便能减肥。其实，这个记录不仅包括体重，还包括"因为零食吃多了，所以体重增加了""因为增加了走路时间，所以体重减少了"等内容，通过体重数字的变化和体重增减的原因分析，进行自我改善，最终达到了减肥成功的神奇效果。

如果减肥进展顺利，那么每天的自我检查也就成了一件乐事，并能够使自己自觉地注意自己的日常生活习惯。

学习也是一样，通过每天对学习内容进行自我检查，可以了解自己的现状，弄清楚自己哪里不懂。在不断持续的过程中，会发现自己在不断进步，并产生"我原来可以做得这么好"的成就感，然后变得越来越爱学习。

虽然我不能给所有人都进行一对一的教学，但是这种每天的自我检查，任何人都可以独立完成。

要想实现持续学习，还有很重要的一点就是，要经常想象考试成功后或梦想实现后的画面。

我经常对考生说："与其在报考说明会的时候去参观大学校园，不如选个平常的日子去看看自己想去的大学。"因为在平时进到校园，能够感受到大学生的日常生活，能够体会到大学校园里浓郁的文化氛围，从而开始主动学习。

准备资格考试的人，可以具体地想象一下考试合格的那一瞬间的喜悦感。自己通过了考试，振臂欢呼时的那种画面感是非常鲜明强烈的。此外，还可以将考试合格所能带来的好处一一写在纸上，这也是一种有效的方法。

另外，"我绝对可以的！""我一定行！"的这种自我肯定也很重要。

首先要开启人人都拥有的全身心投入的按钮，这是能顺利通过任何考试的"成功率 95% 的学习术"的第一步。

将专注力应用于学习的三大优势

那么，如果你拥有了全身心投入的力量，即专注力，会怎么样呢？

请回想一下全身心投入某件事时的情景，你是不是会变得干劲十足，注意力超级集中呢？

如果实现了这种状态，就会得到 3 个优势。

第一个优势是"能在最短的时间内取得成果"。

如果能够做到全身心投入，就能最大限度地利用自己拥有的时间。因为始终保持着注意力高度集中的状态，不仅可以吸收更多的知识，也可以使大脑一直活跃地运转，记忆力因此可以得到显著提升。

一直将心思放在学习上，能够不断地捕捉到必要的信息。这样的话，成绩自然会提高。不必走弯路，直接通过最短路径切实可靠地到达终点。

明知必须要做，却总是以各种理由推三阻四，我想人人都有过这样的经历吧。"拖延"是人类这种生物的共性。

从"不得不做"的"have to"状态，变成"自己真的想做"的"really want to"的状态，才能通过最短路径到达目的地。

第二个优势是"能把一天变成 27 小时"。

为了能够在学习上投入更多的时间，需要在学习之外的时间上下功夫。

比如，可以将吃晚饭的时间从 30 分钟缩短为 25 分钟，把看电视的时间全部用在学习上。如果能有效地利用时间，就会感觉一天的时间被延长了，24 小时变成了 27 小时。

甚至有的学生做到了全身心投入以后，每天的学习时间从 8 小时延长到了 15 小时。那么对他来说，就会感觉一天变成了 31 小时。

当全身心投入的时候，时间的密度会变大，从这个意义上来说，会感觉时间变多了。而且，接触新知识的时候，也会感到时间被延长了。

很多人觉得年龄越大，时间过得越快，其实这就是吸收的新知识越来越少。

第三个优势是"不再为了努力而努力"。

我现在拥有日本竞技歌牌的名人头衔。因为我获得了冠军，所以很多人都问我："平时到底是怎样练习的呢？"

当听说我从小学开始就每天进行各种训练的时候，大家都说"真是付出了很大的努力啊"。但事实上，我自己完全没有刻苦努力的感觉，只是一直在快乐地做这件事而已。

"努力"这个词给人一种"痛苦""艰辛"的感觉。的确，体育运动等体力上的练习十分辛苦，但是竞技歌牌、象棋等头脑竞技却不一样。

其实，在某些领域取得成就的人，大多都没有过努力的感觉，他们都是因为快乐才会持之以恒。

也就是说，这才是真正的全身心投入的状态。

当然，努力也是必要的，但这并不是痛苦的事儿，而是快乐而积极的，所以，不要再为了努力而努力。

如果拥有了以上3个优势，成绩就一定能得到提升。

这种看似魔术一样的方法，头脑聪明之人一直在自然而然地使用着。

我从来都没觉得学习很辛苦或者很困难。

只要拥有了专注力，大家也一定会跟我一样。

找到学习令人沉迷的要点

大家有没有过沉迷游戏的经历？

虽然很多人心里都清楚"应该把玩游戏的时间用于学习""应该把花在游戏上的钱用于购买学习教材"，也会感到内疚羞愧，但仍然停不下来。

话说我在京大读书的时候，也曾沉迷于战国武将角色对战的智力游戏，在这上面花费了大量的时间和金钱。

那时候，为了获得高级武将头衔，我每天连续 10 个小时都在玩游戏，一个月花掉了 10 万日元，甚至在玩游戏时有人跟我搭话我都会恼羞成怒。

现在回想起来，真不知为何会沉迷至此……当时应该完全陷入了"游戏依赖"。

为什么游戏能让人如此沉迷呢？

这是因为从游戏中能快速获得成就感。

游戏等级和进展情况会瞬间通过数字显示出来。还有那些每天进行实时排名的竞技游戏，为了避免玩家厌倦，设计时都会让玩家在短时间内迅速获得成就感。

正是因为立刻就能获得显著的成就感，所以人们才会产生游戏依赖。

我们在打弹子机①的时候，心里充满了不安，担心如果一直打不中怎么办，而一旦打中就立刻松了口气，非常兴奋。

人在兴奋的时候，大脑会产生一种叫作 β 内啡肽的让人感到快乐的物质。

当遇到困境时，人们为了摆脱痛苦，寻找快乐的感觉，就会想去反复尝试，这就是赌博的机制。游戏也是一样的。

而且，赌博之人会有一种"再来一次也许就能赢"的侥幸心理，这也是深陷其中的原因。

看到这里，大家发现什么了吗？

是的，其实沉迷游戏、赌博成瘾的状态，与前面所讲的专注力的三个优势的状态非常相似。

---

① 弹子机：日文叫作柏青哥，是一种带有赌博性质的游戏，如果铁球顺利进入某一个孔洞，便会滚出多个小球，小球多到一定数量便可换取金钱，柏青哥在日本早已成为一个巨大的社会产业。

"能够快速获得成就感""全身心投入甚至忘记了时间""心情愉快，乐不思蜀"，这些感觉简直如出一辙。

　　我并非在这里规劝大家专心学习，戒掉游戏和赌博，而是想告诉大家，这种沉迷和专注的状态完全可以带入到学习之中。这样的话，我们就会迷上学习，乐此不疲。

如何在短时间内获得成就感

如前所述，大多数人都抱怨过学习很无聊，并随之产生自己不擅长学习的潜意识。

其实，学习是很有趣的。

虽然学习的乐趣不像游戏的乐趣那样显而易见，但确实是存在的。否则，科学就不会如此发达了。那些获得诺贝尔奖的学者和科学家们，正是发现了科学知识的有趣之处，并全身心投入于此。

他们认为学习是一件非常有趣的事情，就像很多人认为游戏很有趣一样。我也是如此，一旦全身心投入到学习之中，便流连忘返、乐此不疲。

但是，如果学习未能达到一定的水平，就很难发现学习的乐趣。

例如，如果英语一直只学习 be 动词是很无聊的，但是一旦能读懂文章，就会发现其有趣之处，就会想挑战更难的文章。

在发现学习的乐趣之前就因为一些挫折而放弃的话，实在是太可惜了。

那么，对于自己不擅长的事情，如何才能投入其中呢？答案正是前面所说的要有一种沉迷于游戏的感觉。

学习和游戏不同，并非每天都能看到成果。

学习是个长期的过程，模拟考试和测验大概几个月才有一次，所以不像游戏那样马上就能知道自己的水平。

明明是很有趣的东西，却没能形成全身心投入的沉迷机制。

要想像打游戏那样在短时间内快速获得成就感，就需要形成这个机制。

只要将游戏中那些让人欲罢不能的设计方案以及令人沉迷的要素应用到学习上就可以了。

考试成功的最短路径不是效率而是全身心投入

因为工作关系，经常有人通过 SNS 等向我提出各种问题，其中大部分都是问有哪些高效的学习方法。

这种追求学习效率的心情，我很明白。

我在初中和高中时也曾寻求高效的学习方法，并阅读了将近 500 本关于学习方法的书籍。但是，我并非单纯地为了追求效率。

我是在寻找学习的乐趣，寻找如何能够更加高效地沉迷于"高考"这项游戏的学习方法。

而那些提问的人似乎只是为了考试合格而想学一些快速见效的方法。

如果过于重视效率，就会想要尽快取得成果。所以，即使是有效的方法，如果不能立竿见影，也会弃之如敝屣，再去寻找其他的方法……那么，就变成了一个学习方法收藏家。

而且，如果只重视效率，就会忽视学习的内容。把效率放在第一位，不重视学习内容，会混淆学习目的和手段，将考试成功这一目的，替换成了诸如"3月份之前完成英语语法"等内容。

这些人中的大部分都无法掌握学习内容，这是本末倒置。

虽然快速提升成绩很重要，但我认为首先要让学习变得有乐趣，然后再继续学习，这一点更重要。

例如，在过河的时候，很少有人会为了寻求最短距离而游泳渡河，欲速则不达，与其承担丢掉生命的风险，还不如绕些路走桥过去更可靠。尽管如此，不知为什么很多人忘记了渡河这个目的，而把游泳当成了目的，为了游泳又跑去锻炼身体，南辕北辙。

为了切实稳步地到达目的地，要把全身心投入放在第一位。

全心全意地投入某事，就会愿意花费更多的时间在这件事上，从而自动自发地去寻找更高效的方法，这样的话，就一定能够快速取得成果。

即使不刻意追求效率，也会自动实现高效率。

为了引导学生们全心投入，我建议他们阅读漫画和杂书，而不是所谓的教材。比如想学习历史，可以多看看各种历史类的漫画。还有很多不擅长数学的人，因为看了有关数学的趣味故事或者电影《博士的爱情方程式》之后，发现了数学的乐趣。

一直以来，我都非常重视培养学生们的专注力，使他们的成绩得到了飞跃性的提高。

·学习时间从 3 小时增加到 10 小时

·古汉语成绩在一个月内达到了全县第一

·英语的偏差值在一年内从 40 提升到 70，一次性通过了志愿学校的考试

·通过了 5 年都未考过的很难的税务师考试

从四年级的小学生到五十几岁的成年人，成功率高达95%。

在这本书中，我把平时传授给学生们的方法，整理成一套人人可以自学的知识体系。

再强调一次，要重视全身心投入而非效率，只要这样去做，

那么资格考试、学习测验、提高成绩、实现目标，以及其他必须学习的东西、必须记住的东西，都能够通过最短的路径到达终点。

玩游戏时，没有人停步不前，所有人都会不断升级。

同样，用这种方法去学习，一定能够提升学业水平，学习成绩必将提高。

第 1 章

学习停不下来！
只要磨炼专注力，任何人都能成功！

厌倦是沉迷学习的重要因素

大家在努力学习的时候，是否感受到一种无形的压力，心理准备不足呢？

如果是做自己很感兴趣或者非常喜欢的事情，就不会有这种感觉。但是一提到学习，就会感觉重担在肩，压力很大。这是因为我们深信学习是一件"不得不做的事情"。

其实，学习并不是必须要做的事。我经常对我的学生们说："就算不学习也不会死，不学习也没关系的。"

但是，我相信既然大家正在读这本书，一定是想要学习，并且希望能学得更好。

那么，希望大家能够正视这种愿望，卸下肩上的重担，以一种"即使厌倦学习也无所谓"的轻松心态去学习。

"厌倦"这个词给人一种负面的印象。可能很多人认为自己是"因为感到厌倦了，所以无法坚持学习"。

但是，厌倦是沉迷学习所必需的要素。

你知道"多重潜能者"这个词吗？

这是指拥有特别多的兴趣爱好，喜欢有创造性地去追求各种事物的人。

但从另一个角度来看，这种人很可能会被认为是"没有常性"，三天打鱼，两天晒网，但其实这种多重潜能者具有3个优势。

① 具有组合多个领域的能力

他们可以将完全不同领域的东西组合起来创造出新的东西，也可以发现不同领域之间的共同点并将其关联起来。

以学习为例，现代文和数学、英语是完全不同的科目，但是在逻辑性阅读方面有共通之处。意识到这一点，就可以将逻辑性阅读现代文的能力应用于数学的解说和英语的长句阅读中，这在应试学习中是相当占有优势的。

② 行动速度快

多重潜能者一旦想做什么就会马上付诸行动。

多重潜能者对很多事物都感兴趣，但他们多数情况下无论在哪个领域都属于初学者，所以，也可以认为他们已经习惯了初学者的角色。

　　这样的人，对学习新事物没有抵触，而且善于将一直以来学习到的技术和知识灵活应用，因此，他们比那些从零开始学习的人要进步得更快。

③ 适应能力强

　　因为经常体验新事物，所以他们在任何情况下适应能力都很强。

　　如果需要根据情况改变自己的角色，他们也不会抵触。也就是说，他们不执着于某事，不喜欢钻牛角尖。这种可变通的思维方式在学习中起到了积极的作用。

　　"很快就厌倦了，怎么也学不下去了"，在这样的人之中，可能也有很多人具有多重潜能者的潜质。

　　这可以说是一种特殊的才能。能够将目光投向各种事物，即使时间很短，也会将热情倾注到这些事物之中。

　　我们想象一个两三岁的孩子。这么大的孩子，经常被批评没有常性。

确实，他们可能正在玩积木，但没玩多久便扔下积木跑去看电视。这是因为他们想知道一切自己不懂的事情，他们对什么都感兴趣。

从大人的角度来看，会认为孩子"为什么这么没有常性呢？"但事实上，孩子在每一个瞬间都在专注于自己感兴趣的东西，吸收了很多很多的知识。从某种意义上说，他们的进步非常快。

同样，那些所谓没有常性的人也并非没有专注力，他们会在某些瞬间全身心投入某些事情。

这种出色的能力如果不应用于学习上就太可惜了。

"因为喜欢，所以擅长"，这样才会取得成果

正如序章中所说，获得成就感是全身心投入学习的重要因素。

获得成就感必须要有目标。

很多人可能没有目标，或者只有模糊的目标，但要想取得成功，必须要有明确具体的目标。如果目标模糊不清，找不到道路也看不到终点，就无法知道自己是否实现了目标。

目标不要设置在很容易实现的范围内，而要设置为诸如"考上东大！""把 TOEIC 成绩提高 100 分！"等一旦实现就会非常兴奋的目标。

即使自己现在的实力与目标相去甚远，但是把"我喜欢这个！""我想做那个！"的想法，变成实实在在的做法，从某种意义上说也是全身心投入学习的重要因素。

可能很多人在日常生活中会有"虽然很喜欢去做，但是

如果做不到会很丢人""很在意别人的看法，不敢鼓起勇气去做"等想法。

例如：

· 台球、飞镖、保龄球等运动时

"周围的人都很厉害，自己太丢人了。"

· 去高级酒吧时

"虽然很喜欢喝酒，但是不懂行，不敢进去。"

· 英语会话时

"如果说错了太丢人，容易被人瞧不起。"

· 追偶像时

"其实很想去听演唱会支持偶像，但是太腼腆，做不到。"

大概每个人都有过这种经历，但是如果因为做不到或者怕丢人而始终不付诸行动，就会永远无法开始。任何人在刚开始的时候都是初学者。

我虽然现在从事教育工作，但是，我在小学的时候曾经考过班级的倒数第三名，英语考试还一度不及格，英检五级考试①也未参加。

然而，我现在所教的学生中，很多人的目标是要考取东大，而且我还参与了 TOEIC 考试的教材编制工作。

日本竞技歌牌，我是从小学五年级才开始练习的，而我身边的选手都是从幼儿园就开始练习了，那时候我基本每场比赛都一败涂地。而且，当时日本竞技歌牌赛属于非常小众的比赛，所以我在比赛的时候会感觉有些丢人。后来，由于漫画《花牌情缘》引起了巨大反响，使竞技歌牌在日本人气暴涨，而我此时也获得了歌牌赛的名人头衔，取得了成功。

这正是因为喜欢才全身心投入，并一直坚持下去的结果。

无论是学习还是兴趣爱好，我都认为"只有喜欢，才能擅长"。

即使做不到也不要怕丢人，重要的是大胆地迈出第一步。

只要始终保持喜欢的心态，就一定能够不断精进。

---

① 英检五级考试：日本的英语检定考试分为 1—5 个级别，五级是最基础的级别，考试内容除了初级考试（笔记和听力）之外，还引入了口语测试。

大家热衷的事情，要尝试去做

我曾经参加过富士电视台的《秋刀鱼的东大方程式》节目。当时的主题是东大和京大的学生进行竞赛。通过这次节目，我见识到了他们千奇百怪的兴趣爱好。

比如，有沉迷于肌肉健美运动的京大医学部学生，有喜欢研究各种兜裆布①，并在京大成立了兜裆布爱好者协会的学生，还有喜欢生物并且发现了全新物种的东大学生……

据此，我发现对学习专注之人，对其他事物也很容易全身心投入其中。同时，我也意识到其实任何事物都有其有趣之处，吸引人们去深入探索。

在此，我建议那些从来没有全身心投入过任何事物的人，无论自己心里是否认可，也一定要去尝试一下其他人热衷的事情。

---

① 兜裆布：在日本叫作褌，所用的都是日本上好布料，吸汗性极强，可以让裆部保持干爽。在日本，兜裆布还被赋予着民族精神。

兜裆布的事例可能有些极端，但是我认为应该去尝试一下大家都热衷的事情，否则一定会追悔莫及。因为在那些事情里，一定蕴含着如何全身心投入的线索。

全身心投入的对象可以是漫画书、动漫或其他任何事物。即使自己做不到全身心投入，只要能够发现其有趣的方面就好。

在尝试各种事物的过程中，如果能找到自己愿意全身心投入的事情就最好了。接下来就是把这种专注的感觉转移到学习上。

在我的学生中有一个英语偏弱的高中生。

因为这个孩子很喜欢读轻小说①，所以我建议他读一些中学生也能看懂的简单的英文童话原版书，因为他已经知道了故事情节，所以读的时候毫无抵触心理。

这种方法，使他读英语书也像读轻小说那样上瘾，并逐渐开始查询一些不懂的语法，更难的文章也能读懂了。最终，

① 轻小说：是一种高效地将故事内容传达给读者的、采用通俗的写作手法、通常使用漫画风格插画的一种娱乐性大众文学和通俗文学体裁。可以理解为"能轻松阅读的小说"，盛行于日本。

他考上了第一志愿的大学。显而易见，这就是把喜欢读轻小说的感觉灵活运用到了英语学习之中。

而且，正是因为意识到学习和轻小说一样，都有其有趣之处，他才取得了成功。

这有点像"先有鸡还是先有蛋"的循环，全身心投入才会发现趣味性，也正是因为发现了趣味性才会全身心地投入。

一旦抓住了这种感觉，就掌握了全身心投入的方法。那些过去曾经沉迷于某些事物的人，一定也能够沉迷于学习。这里所说的"某些事物"，可以是任何事情。

过去从来没有对任何事情全身心投入过的人也不必担心。首先，可以尝试一下周围的人都热衷的事物，应该会找到让自己感兴趣的东西。即使这样做了也没能找到的话，也没有关系，本书中介绍了全身心投入学习的方法，可以首先选择学习作为你最初的"兴趣投入点"。

只需增加"天线"，信息就会纷至沓来

只要学会了全身心投入的感觉，过去从未留意过的信息就会自然而然地接踵而至，非常不可思议。

这种状态其实就是"色彩浴（Color Bath）效应[①]"。

"色彩（Color）"是指"颜色"，"浴（Bath）"是"沐浴"的意思。也就是说，一旦意识到某件事，就好像沐浴在特定的颜色中一样，相关信息会不断地被发现，并聚集在周围。

比如，当你早上听到电视信息栏目说你今天的幸运色是红色，那么，这一整天你都会不断地看到红色的东西。我想大家应该都有过类似的经历吧。

以我为例，我平时觉得自行车就是自己通勤时使用的一

---

① 色彩浴效应：当选定某一主题颜色之后，重新观察周边相关主题颜色的任何事物。目的在于将注目的焦点放在平时不注意的细节或事物上，扩大新发现的范围。你的暗示提醒你关注什么，注意力的方向就会产生相应的成果。

种交通工具而已，但自从读了《飙速宅男》^①这本漫画，我开始对自行车产生兴趣。

我不仅关注普通自行车，还发现了公路自行车与山地自行车在车型上的区别，自行车店的促销信息和漫画中出现的词句也经常映入眼帘，所有的信息都纷至沓来。

当你意识到某件事情的时候，就会自动增加"天线"去寻找它，即使你什么都不做，信息也会接踵而至。在 SNS 普及的现代社会，由于信息量很大，这种倾向会更加明显。同样，请将这种意识转移到学习上来，期待自己的成功。

一旦开始对学习感兴趣，并产生了这种学习意识，那么无论词汇能力也好，TOEIC 也好，相应的信息都会自动地随之而来。

只要全身心投入，思想意识就会发生改变。

正如我前面说过的，我在初中和高中时代读过很多关于学习方法的书籍。

———————————

① 《飙速宅男》是由日本漫画家渡边航作画的以自行车竞技为主题的漫画作品。至 2019 年 11 月为止，已发行 64 卷单行本。2018 年 3 月累计发行突破 2000 万册。

最初的契机是一位准备报考东大的朋友推荐给我一本书，说"这本书很有趣，你读读看"。

这本书叫作《最新应试入门学习指南——找到成功的学习方法！和田式要领学习术的实践经验》（和田秀树著，bookman 出版社出版）。

在此之前，我对应试考试并没有什么特殊的感觉，只是觉得"既然那么有趣，我就读一读吧"。

读了才发现这本书真的很有趣，感觉自己好像获得了一本"应试学习"这场全国游戏比赛的精彩攻略！

意识的改变就是从那一瞬间开始的。

从那时起，无论是看电视听新闻，还是上学路上见到的电车吊环广告，或者顺路去便利店看到的杂志标题等，在日常生活中，凡是与学习方法或学习相关的所有事物我都能留意到。

这就是序章中提到的"即使不刻意追求效率，也能自动实现效率"的状态。

考试合格或实现目标所必要的信息会主动地纷至沓来，如果自己始终保持全身心投入的状态，这些信息也会源源不断地产生。

　　毫不夸张地说，一旦获得了专注力这一武器，就再也没有什么可怕的了。

善于倾听才能善于学习

在前面内容中，我们介绍了可以通过眼睛获取信息，下面就介绍一下如何通过耳朵获取信息。

考入京大以后，通过与教授和前辈们的接触，我发现善于学习的人都很善于倾听。

善于倾听的人，会不断激起对方讲话的热情，从中收获各种各样的信息。这样就必定能够增加自己的知识储备，并将其应用于学习。在免费的学习咨询会上，如果对方的反应热烈，我会不知不觉地传授一些在收费讲座上才会讲到的内容。

有热情的人，他的话语可以调动对方的积极性。

之前介绍过，我们可以尝试去做周围的人都热衷的事情，以便发现自己的兴趣所在。同样，如果有人热情地与你谈论某事，也会激发出你的兴趣。

即使不能立竿见影，那种热情洋溢的感觉也会留存在我们的记忆之中，并逐渐对自己产生积极的影响。

我的一位朋友在大二的时候，偶然听到了"编程竞赛"的话题，并对此产生了兴趣，咨询了专业人士很多问题。两年后，当他即将就业时，忽然想起了当年的事情，尽管他学的是文科，但最终还是选择了理科工程师的道路。曾经听到过的充满热情的故事，很可能会左右未来的道路。

① 变得越来越喜欢倾听

变得越来越喜欢倾听，纯粹地想要详细了解更多的事情。通过不断倾听，使自己产生能动性，并全身心投入其中，这样就会实现良好的学习效果。

② 养成首先倾听的习惯

即使是现在不感兴趣的事，只要别人讲得很有趣，我们也会不由自主地想去听。不管怎样，首先要试着去倾听。

就像我的那位朋友，过去听到的信息对他以后大有帮助。所以将听到的信息储存起来很有好处。

倾听时的要点首先是注意自己的表情和动作。要通过微笑对对方的讲话表示认可。

在回应对方的讲话时，可以用"是啊""原来如此""的确是这样"等几种不同的模式，使对方更容易继续讲下去。

只要保持这种心态不断尝试练习，自然而然会变得善于倾听。到时候就可以像海绵一样，不断地吸收各种信息。

前面说过，只要全身心投入，思想意识就会发生改变，到了现在的阶段，思想意识又发生了进一步的变化，能够更加全身心投入。

全身心投入得越多，获得的信息就越多，学习的进步也就越大。

大脑中经常产生问号，能够锻炼逻辑思维能力

在外地读完初中和高中以后，考入京大的时候，我发现了一个现象，"咦？怎么跟我以前与同学聊天时的感觉不一样呢？"

在与京大的同学们聊天时，经常能听到"为什么？"、"怎么回事呢？"这种问句。这不仅限于学习方面，在日常聊天中也经常会提到"那家拉面店的位置很不好，但是为什么生意这么好呢？"等等问题，即使是微不足道的小事也要刨根问底的态度，令我十分惊讶。

日本的理科诺贝尔奖得主大多数都是京大毕业的，他们从学生时代开始就经常问为什么，带着问题进行持续的研究。对任何事都喜欢追根求源，可能是头脑聪明之人的共同特点。

好奇心，本来就是人类的基本天性之一。

相信大家在小时候都曾对各种各样的事物非常好奇，想知道为什么会这样，一直在不停地问"为什么？"

但是很多人长大以后，就自欺欺人地认为自己都懂了，或者口是心非地觉得"无所谓，算了吧"，掩盖了求知的欲望。

而聪明的人则不会抑制自己的好奇心，因为他们深知刨根问底的乐趣，并且直觉地意识到这样做会增加知识储备。

在学习研讨会上，我也经常建议大家要养成凡事持有怀疑态度的习惯。

那些不会学习或不想学习的孩子，给人一种"马不停蹄"的印象。在学习的路上有各种各样的信息，但是他们却没有停留，对其视而不见，以为自己已经都懂了。

如果能养成每到一处都驻足停留的习惯，就会重新审视那些自以为弄懂了的地方，成绩也会随之提高。

其中，成绩提高最明显的就是数学和现代文。

这是因为，持有怀疑态度，喜欢问为什么，能够锻炼逻辑思维能力，而这正是解读数学和理解现代文所必需的能力。

数学题本身具有逻辑性，无须过多深思便能够理解题意，甚至记住答案，但很多人却不明白其中的前因后果。

只记住答案在实际考试时是毫无意义的，但若能深入分析"为什么 B 会变成 C 呢"，就可以进行逻辑性思考，加深理解。

现代文本身就会以"作者为何会有这种心情"为基础，要求回答出其中的原因和背景等问题，因此，多问几个为什么，对于准确理解现代文是很重要的。

培养逻辑性思维，对于所有的学科来说都很重要。而且，正是这种持有怀疑的态度才是全身心投入学习的能量来源。

当自己冥思苦想后终于得出答案的时候，会有种豁然开朗的成就感，从而更深入地投入其中。

平时要多做训练以养成习惯，每天问一个为什么，内容不限，要让大脑中经常产生问号。

比如，"为什么天空是蓝色的呢？""铝罐和铁罐有什么区别？""为什么日本的首都是东京？"任何问题都可以。

提出问题并进行调查当然是最理想的，但如果做不到，也可以一直把问题存在脑海里。经常提问的习惯能够锻炼大脑对于学习的专注力。

遇到困难更有利于吸取知识

以上，我们介绍了全身心投入的心理状态。

有的人听了别人的话，尝试着做别人热衷的事情，也有的人开始致力于学习。 其中，可能有的人遇到困难后就坚持不下去了。

但是，完全不必情绪低落，为此否定自己。只要是学过的东西，今后一定会有用到的时候。

等到想要重新开始努力的时候，自己会比那些从购买教材开始从头做准备的人进展得顺利。只要有了一点头绪和灵感，就能脱离从零开始的状态，飞速前进。

不要每次都从零开始，哪怕多前进一步或者半步都好，那种进步的感觉对于学习来说是很重要的。

我让学生们提前一天就把第二天要用的学习资料准备好，这也是为了找到头绪和灵感。

在思考学习要做什么时，需要很强的专注力。

比如现在准备开始学习英语，但如果在开始学习之前详细设计做什么，做多少页，做多少小时，那么随着时间的推移，难得的学习动力就会下降。

因此，事先只要计划第二天起床后要学习什么就够了。

从工作单位或学校回到家学习的时候，也建议在出门之前就把教材摊开，到家之后马上就能拿到。

根据德国精神科医生克雷培林①提出的"工作兴奋"理论，如果不假思索直接行动，大脑中就会分泌一种叫作多巴胺的物质，使人乐此不疲。

比如大扫除就是个很好的例子。虽然在开始做之前觉得很麻烦，但一旦开始就会情绪高涨，甚至会把细微之处都打扫干净。这正是"工作兴奋"的原理。

学习也是一样，一旦开始行动，大脑就会处于兴奋状态，越来越有动力，做好了吸收知识的准备。

我经常对那些缺乏动力的学生们说："不管怎样先做做试试。只需要一分钟就可以，试试看。"很多人通过这一分

----

① 克雷培林：1856 年出生，德国精神病学家，大脑病理方面的科学家之一，代表作有《精神病学纲要》。

钟的热身，进入了全身心投入学习的状态。

上面介绍的是每天利用短时间进行学习的事例，其实长时间也是一样的。正如之前说过的"哪怕多前进一步或者半步都好，那种进步的感觉对于学习来说是很重要的"。

无论是中途中断的学习，还是买了却没做的资格考试习题集，这些都是为了下次行动而做的热身。

哪怕这个"下次行动"是一个月后，甚至是一年后，只要有过学习的经验，就相当于做好了赛前准备。因为已经有了头绪，所以能够进展顺利。

一直马不停蹄地跑下去很辛苦，即使最终无法到达终点或是有不完美的地方，完全可以中途停下来休息。

我想强调的是，这种学习状态既非退步，也非止步不前，只要向前迈出过脚步，就一定不是消极的。

遇到困难，对未来大有裨益。

不顺利的时候毫不犹豫地妥协

在学习的过程中，有时会出现"并未达到预期""进展得不顺利"等情形。好不容易全身心投入在学业上，如果突然变得不愿意学习的话，心情可能会变得很糟。

但是，正是因为存在这种情况，才希望大家不要忘记妥协。

"妥协"这个词，本来是一个偏贬义的词。给人一种"其实不想这么做，但是没办法只好这样"的语感，这就是父母和老师常说的妥协。

但是，我并不认为妥协是一件坏事。

如果是伟大的天才，也许能做到毫不妥协、勇往直前，但并非每个人都能披荆斩棘，一往无前。

所以，有时候我们需要妥协，放松自己。这才是持续下去的秘诀。

我自己就曾在学习和竞技歌牌上妥协过好多次。

如果计划在一周内记住 100 个英语单词，但进展不顺利的话，那么即使只记住 70 个单词也好，重要的是一定要坚持下去。

如果事与愿违或者遭遇失败，不要过分责备自己，要告诉自己这种情况很正常，使情绪平静下来。

一时的失落可能导致自己无法全身心投入学习，但如果让自己妥协就不会彻底放弃，慢慢会再回到全身心投入的状态。正因为学会了妥协，我才能继续热爱学习、热爱竞技歌牌。

据说女棋手香川爱生的座右铭是"忘记失败"。据说在象棋世界中，输掉比赛的原因只有一个，就是自己下了坏棋。象棋比赛的规则是自己宣布认输，因此，失败的感觉应该是非常痛苦的。但即便如此也要让自己忘记失败，这就是一种妥协，以转换心情，重新再来过。

不管是谁，无论自己多么喜欢的事情都会有起伏不定的时候。但即使兴趣变淡，只要没有消失为零，总有一天还会重整旗鼓的。

顺便说明一下，妥协的英语是"compromise"，意思是和解、互让、折中方案等。从这些解释上来看，妥协绝非消极意义的词语。

　　要积极地看待妥协的作用，让自己始终保持全身心投入的状态。

利用"付出金钱就希望收回成本"的潜意识

有一个概念叫作"沉没成本效应（Sunk Cost Effects）[①]"。

"Sunk"意为"沉没"，"Cost"是指"成本"，也就是指过去已经支付的无法挽回的费用。

本来最合理的投资应该只考虑将来的损益，但由于舍不得迄今为止已经投入的金钱成本、时间成本和劳动力成本，所以，即使知道有损失也会继续投资。

想象一下去吃自助餐的情景，就很容易理解了。

其实已经吃得很饱，撑得难受，这时候最合理的做法是停下来不再吃了，但是，一想到应该把成本吃回来，就会越吃越多。

沉没成本效应本来是一个负面意义的概念，但我们可以

[①] 沉没成本效应：是指已经付出且不可回收的成本，为了避免损失带来的负面情绪而沉溺于过去的付出中，选择了非理性的行为方式。

将其"只要付出了金钱就想要收回成本"的心态利用在学习方面。

首先要在学习上投入金钱，让自己有种"不学就可惜了，得收回成本"的心态。

每当开始一项新的学习，我都会购买稍贵些的教材、钢笔及书签，还会分门别类地购买每科使用的笔记本等学习用品。在我的学生中，有的人还给参考书包上了昂贵的高级书皮。

除了购买教材、笔记本、文具以外，我还建议大家签约预定一间自习室。花了这么多钱，为了收回成本，一定可以好好学习了。

当然了，也不必非得做到那种程度，比如可以去咖啡店学习，再买一杯高价的饮料就行了。告诉自己"买了这么贵的饮料，一定要好好学习！"这样做也会产生学习的动力。

这种打造仪式感的方法，对于学习的持续很有效。

这种方法虽然可以作为一种补救措施，在学习难以持续下去的时候使用，但我还是建议大家在最开始就使用这个方法。

因为刚开始的时候，正是意愿最强烈、热情最高涨的时候。

一鼓作气，正是持续学习的动力所在。其实，一旦进入了全身心投入的状态，满脑子想的都是学习，什么样的学习文具都已经无所谓了。

话虽如此，作为专心学习的润滑剂，完整备齐的文具还是必要的。建议在热情最高的学习初期，做好各种物质准备，以保证持续专注的学习状态。

先尝试着去做，机会才能到来

大家听过"京大鱿鱼"这个词吗？

"京大鱿鱼"是"果然是京大的学生"这句话的音译缩写。很多京大学生都戴着厚厚的眼镜，穿着格子衬衫，对体育和时尚无感，因此有了这个绰号。我在校期间所属的竞技歌牌社团，就是由这样的一群"京大鱿鱼"组成的。

虽然他们外表看起来不够帅气，但是人不可貌相，这里每个人的挑战意识都非常强烈。

可能有人觉得他们太厉害了，是因为有天分吧？但事实并非如此，是因为他们把挑战未知事物的门槛设得极低。

头脑聪明之人总是会给人留下一种喜欢挑战高难度的印象，其实恰恰相反，他们都是不求完美之人，从一开始就没想过能够一帆风顺。也正因为如此，无论什么事，他们都能够以轻松的心态去挑战。

以我为例，我从小就尝试过各种各样的事情。从小学开始参加过竞技歌牌、棒球、篮球、网球、游泳、田径、书法、绘画、飞镖、象棋……除此之外，还学习了很多东西，参加各种社团活动、培养兴趣爱好。其中，最成功的就是竞技歌牌。

竞技歌牌要求必须记住《小仓百人一首》^①的全部作品。由于最近《花牌情缘》的漫画带来的超高人气，使大家感觉玩竞技歌牌很帅气很快乐，但在当年，能够把这种辛苦的竞技坚持下来的人寥寥无几。

那时候的我，没有任何先入为主的想法，只是觉得竞技歌牌看起来很有趣，于是就去做了。如果当年我思前想后，做好了要付出辛苦的思想准备，可能就没有现在的成功了。怀着放松的心态去挑战各种事物，一定能遇见让自己的能力绽放的那朵花。

经常听到那些优秀的运动员们说"能遇见适合自己的体育项目，很幸运"，其实这并非真的是运气好，而是因为曾经挑战过很多项目，才有了与这项运动相遇的机会。

---

① 《小仓百人一首》：指日本镰仓时代歌人藤原定家的私撰和歌集。藤原定家挑选了直至《新古今和歌集》时期100位歌人的各一首作品，汇编成集，因而得名。

越是成功的人，越喜欢挑战各种领域。这一行为和那些京大的学生们是一样的，都是抱着先试试看的心态。

我的朋友中，有一位什么事都喜欢尝试的男生。

他曾在大学的簿记①大赛上获得冠军，现在就职于一家会计师事务所，并顺利考取了注册税务师。

学习也是一样，在自己曾经尝试过的内容中，一定能够发现自己喜欢的或者愿意全身心投入的东西。

只要稍微对某事感兴趣，就要好好地钻进去看一看。长此以往，必将找到自己真正想为之奋斗的事物。

---

① 簿记：包括填制凭证、登记账目、结算账目、编制报表等会计工作的初级阶段。

第 **2** 章

同时提高逻辑思维能力、记忆力、专注力的学习术

5分钟就能轻松固化记忆的"回顾学习法"

每个人都希望把需要记住的事情瞬间就记录在脑海。而且，希望能将记忆固化，不再遗忘，这样就能在考试中取得好成绩，就可以永远都快乐地学习了。

这种看似痴人说梦的愿望，是完全可以实现的。

而且，只需要5分钟就够了。

很多人在学习的时候，做完一道题后对照一下答案就万事大吉了。这些都是不会学习的人。

而聪明的人不会就此结束，而是回过头再看一次，牢记在心以后再去做别的。

"学习的诀窍是什么？"估计很多人都答不上来，只知道无意识地学习。

正是有了这种回顾，才能固化记忆，提高成绩，产生明显的效果。

如果不停下来回顾一下，只是马不停蹄地前进，那么走得越远就会忘记得越多。以后再回头看的话，很可能什么都想不起来，到时候就会手足无措。

正如"艾宾浩斯遗忘曲线"[①]所说的那样，不断地进行回顾，可以提高记忆的固化率。

在这里，"回顾学习法"就该登场了。

每当教材学习1～2页就在适当的地方停止一次，大概花1～5分钟的时间回顾一下自己现在正在学什么内容。回顾的时间可以根据教材的分量和难易度进行增减。

在进入下一个环节的同时，还要反复回顾每个小项目，然后是更大的项目，最后是整体的章节，每个模块都要进行回顾。

只要养成"回顾学习法"的习惯，就能轻松愉快地固化记忆。

"回顾学习法"根据科目类型的不同，做法也会有所不同。

---

① 艾宾浩斯遗忘曲线：德国心理学家艾宾浩斯发现，遗忘在学习之后立即开始，而且进程并不均匀。最初遗忘速度很快，以后逐渐缓慢。他根据实验结果绘成描述遗忘进程的曲线，即著名的艾宾浩斯遗忘曲线。

① 需要背诵的情况

对于历史等需要背诵的科目，首先要确认"目录""标题"和"粗体字"的内容。因为必考的要点都集中在这些地方。

其他关于学习方法的书籍中也经常会提到这种方法，但除此之外，我还会确认事物发生的原因。

比如，关于第一次世界大战的爆发，是由于欧洲的产业发展导致生产过剩，多国侵略他国企图进行殖民统治，而入侵国之间又产生了对立冲突所导致的。

在这样的背景下，奥匈帝国的皇储被塞尔维亚民族主义者暗杀（萨拉热窝事件），以此为导火线，俄罗斯、德国、英国、日本等国家都参与了战争，引发了世界大战。我会像这样确认每件事的来龙去脉。

这样做，能够关注到每件事的本质，会在记忆中留下深刻的印象，比起死记硬背要轻松很多，而且不容易忘记。

应试学习中最重要的就是要弄清楚原因。只要知道了原因，自然而然就会导出结果。

"回顾学习法"的要点是不要在回顾上花费太多的时间，对于事物的本质部分，要最优先进行回顾。

② 需要理解的情况

对于数学等需要理解的科目，要多多回顾自己最不擅长的地方。

比如下面的这个问题：

同时投掷两个大小不同的骰子，出现的数字分别用 a 和 b 表示。

1. a×b=6 时的情况有多少种？

2. 求 b/a 等于偶数的概率。

第一个问题很简单，学生一般容易在第二个问题上出错。两个骰子出现的数学情况是 6×6 种，即一共 36 种组合，只要从中找出 b/a 为偶数的情况，就能求出答案。这是我在教一位小学生学习数学时所出的题目，但那个学生却回答成"a 为 1 时"的错误答案。像这种因为理解错误而答错的问题，不要直接放弃说"完了，错了"，而是要再一次自己重新解答，看看是否能够答对。

这 1～5 分钟的回顾，可以在放学以后或者结束了一天的学习之后进行。

我传授给学生们这个"回顾学习法"后两周左右，就收到了"我掌握了这个学习方法""我的小测验考得很好"的反馈。我也想大声地告诉大家，这真的是一种立竿见影的非常有效的方法。

　　"回顾学习法"不仅能够固化记忆，对于确定做事的优先顺序方面也很有效。

　　我接触过很多考入东大和京大的学生，他们都会经常做这种自我分析。因为他们都想在学习的时候尽量不做无用功，轻松地考上大学。

　　在使用"回顾学习法"的阶段，不要盲目地眉毛胡子一把抓，而要精确地找出弱点，并尽快解决问题，这样才是高效的学习方式。

　　看清自己的弱点并克服它，就会不断进步，并因此获得成就感。

　　只需要5分钟的时间，就能进入沉浸式学习的良性循环。

需要回顾三次的"回顾学习法"

1.每1～2页回顾一次

每当学习1～2页，就要马上回顾学完的节点部分。

例如，如果是学习的教材，就截止到每个副标题的地方回顾一次。

2.每个项目总结一次

边进行1的学习，边在节点位置重新回顾同一个项目。

例如，如果是学习的教材，就截止到每个标题的地方回顾一次。

3.以章为单位重新审视

在进行2、3项任务的同时，在每章学习结束的时候，要进行最后的汇总回顾。

例如，如果是学习的教材，就每章回顾一次。

这样可以将自己的弱点可视化，优先改善，就能顺利进行到下一阶段。

迅速提高逻辑思维能力的"立场转换法"

随着时代的发展，很多问题都可以直接在网上找到答案，所以越来越多的人对事物不愿再深入思考。

他们缺乏自己主动思考的习惯，所以遇到谷歌等搜索引擎无法搜索到的情况时就无法应对。

思考是一种习惯。

平时不喜欢思考，考试时就无法学以致用。正式考试的时候，光靠死记硬背是远远不够的。

经常思考可以提高逻辑思维能力。

逻辑思维能力是学习的大前提，然而很多学生都缺乏这种能力。

以我的学生为例，缺乏逻辑思维能力的孩子很难做出回答，或者答非所问。这是因为他们不会联系上下文考虑问题，也很难理解问题的本质。

比如，当我问一位数学题选 A 的学生："你为什么这么选呢？"他马上会回答"那就应该选 B"或者"应该选 C 吧"。

他完全忽视了我其实问的是"为什么"这个问题，而自认为我是在指出他的错误，所以又说出了其他的选项。

这样的孩子，可以通过"立场转化法"来锻炼逻辑思维能力。

这个方法需要先设定一个题目，并提供两种答案，先提出建议，然后再进行反驳，这样反复进行对话和交流。

我给我的学生提出了一个题目：暑假作业应该先做还是后做。如果学生说"还是先做比较好"，我便反驳说"还是后做比较好"，然后学生会进一步再反驳我的意见。

接下来，由我提出"还是先做比较好"，让学生进行反驳，像这样改变双方的立场，找出相应的理由，将讨论继续下去。

这其实就是一种简单的辩论。

刚开始，那位学生被我反驳后反应是"哦，这样啊"，对我的意见全盘接受。后来，他逐渐开始进行思考并多次反驳，在改变立场的同时，养成了主动思考的习惯，自然而然就培养出了逻辑思维能力。那位学生在 3 个月后，偏差值得到了很大的提升。

"立场转换法"是我在小学六年级时实际应用过的。

正是一次关于暑假作业的讨论，很多朋友说："如果不先把作业都做完的话，就不能愉快地玩耍了。如果脚踏实地先把作业做完，开学前就不用慌慌张张地补作业了。"但我始终半信半疑，心想：真的是这样吗？

我当时的想法是："的确，如果能先把作业都完成当然很好，但又不知道什么时候才能写完。既然如此，还不如决定在放假的最后 3 天再写作业，那么就可以一直玩到那天为止。"接下来，我会再改变立场，反驳自己"不对，还是应该先做作业比较好"，这样自己一个人不断进行思考。

所以，"立场转换法"即使自己一个人也可以做。

首先确定自己的想法，并对其进行反驳，接下来对这个反驳再进行反驳，不断重复。

最重要的是，强词夺理也好，找不到理由也罢，都要努力进行反驳，也就是要锻炼所谓"抬杠"的能力。

另外，水平思考①游戏对于锻炼逻辑思维能力很有效。

可能有的人玩过海龟汤游戏②，由出题者提出问题，让猜题者们分别提出各种可能性。出题者对于这些问题只能用"YES"和"NO"或"与此无关"这3种模式回答。这是一个找出真相的推理性游戏，如果被固定观念所束缚，就很难找出正确答案，因此从锻炼大脑的意义上来说，这个方法是非常效的。

反复进行反驳的"立场转换法"

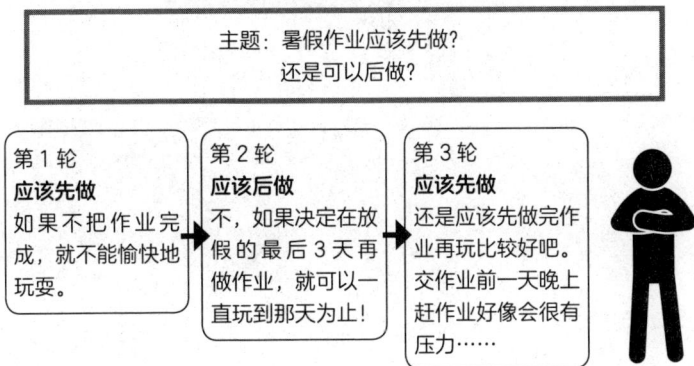

主题：暑假作业应该先做？
还是可以后做？

第1轮	第2轮	第3轮
应该先做	**应该后做**	**应该先做**
如果不把作业完成，就不能愉快地玩耍。	不，如果决定在放假的最后3天再做作业，就可以一直玩到那天为止！	还是应该先做完作业再玩比较好吧。交作业前一天晚上赶作业好像会很有压力……

① 水平思考：打破常规的思考习惯，不过多地考虑事物的确定性，而是考虑多种选择的可能性。

② 海龟汤游戏：是一种水平思考的猜谜游戏，在欧美相当盛行，运用创造性的新方法解决问题，有别于一般解数理题目所使用的垂直思考。透过搜集线索，依照生活经验或创造能力推理出事情的经过。

即使不特意进行辩论或游戏，在日常生活中也可以轻松地使用"立场转换法"。不必把它想得太难。

"我今天想吃肉。"

"这本书我要不要买呢？"

在日常生活中偶然想到什么，有点纠结的时候，就可以思考一下"为什么这样想"，或者尝试进行一下反驳。

像这样经常分析自己的想法，养成深思熟虑的习惯，逻辑思维能力就会自然而然地得到提升。

提高记忆力、专注力的"散步锻炼法"

很多人都听过散步能够锻炼大脑的说法吧。

新墨西哥高地大学的研究显示，当人走路的时候，脚掌受到的压力能够通过身体的动脉传递到大脑，促进大脑的血液循环。

脚掌受到的压力促进了血液上行，增加了大脑的供血量，由于流向大脑的血液量增多，增强了大脑的活性，提高了记忆力。顺便说一下，骑自行车时脚底没有受到压力，便不会产生这种效果。所以还是脚踏实地地走路的效果更好。

只要走路就可以了，任何人都可以随时付诸行动。

利用每天的"散步锻炼法"来提高学习能力吧。

每天散步的时候，可以走同样的路线，但如果敢于绕些远路，或者走以前没有走过的新路，专注力会提升得更快。

大脑中负责专注力的部分位于前额叶。那里蓄积着被称为"willpower"的意志力，专注力需要通过意志力来实现。

要想拥有专注力，必须先提高意志力。而提高意志力的方法就是要有新的经验。正因为如此，才建议大家在散步的时候要走新的道路。

我的学生中就有通过散步提高了成绩的孩子。

那个孩子是复读生，直到高考前一年为止，完全没有学习的习惯。于是，我让他先从步行去图书馆开始。

如果到了图书馆不想学习的话，可以摸一下图书馆的墙壁就回来。总之，先把去图书馆这件事情设定为目标就好。

他使用了各种方法都没能提升学习效率，但是自从养成了走路的习惯以后，马上变得每天都想要学习。两个月后，他的英语和日本史的偏差值都上升 3 分，半年后都上升了 10 分，最终考上了自己理想的学校。

学习的习惯化就好像玩滑梯，这样就很容易理解了。

一旦从顶上开始往下滑，就再也无法停止了。不管自己是否努力，都能够自动滑行。

不擅长学习、坚持不下去的人，是因为感觉爬台阶的过程很痛苦。的确，爬到上面需要做出很多努力，但一旦登顶，就苦尽甘来了。

这位复读生，可以说是以步行为契机爬了上来，之后便自动养成了学习的习惯。

与这位学生不同，有些孩子的学习习惯始终都很好。这是为什么呢？我试着寻找了一下他们的共同点，原来这些孩子几乎全都是步行去学习班或自习室。我认为这也是因为走路激发了大脑活力。

另外，还有很多有负面消极情绪的学生，通过走路变得积极的事例。还有一些学生虽然成绩不错，但仍然很担心自己能否考好，我也会建议他们多走路。

走路的姿势很重要。要挺胸抬头地快步前进，双眼目视前方，最少要走 20 分钟。

建议大家走路的时候要背双肩包，而不是手提包。因为前者可以腾出双手，让双臂摆动起来才能控制好走路的节奏。

特别是在晴朗的早上，走完路以后会感到非常充实，请大家一定要体验一下。

只依靠大脑去学习，效果甚微。

大脑有维持身体平衡的作用，如果身体总是不活动，那么大脑的这个作用就失去了意义。

我的朋友中，有几个人在高中的时候很喜欢运动，学习的专注力也很强，而一旦不再进行体育运动，成绩马上就下降了。

大脑和身体都需要通过运动增强活力，激发学习所需的一切力量。

激发大脑活力的"散步锻炼法"

✖ 不利于学习的走路方式

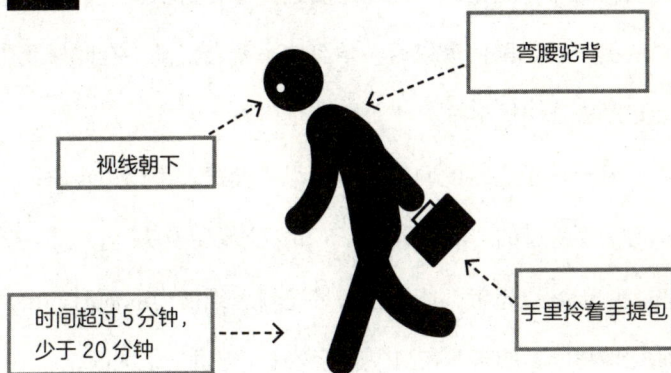

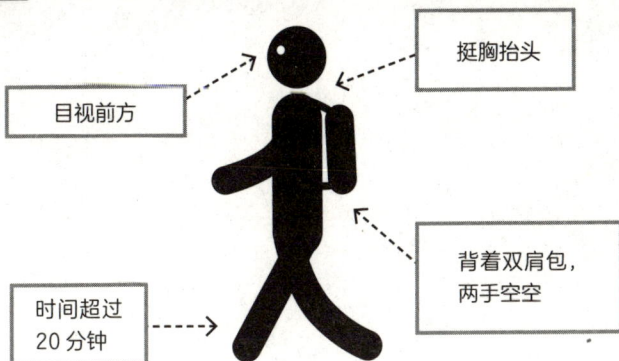

弯腰驼背

视线朝下

时间超过 5 分钟，
少于 20 分钟

手里拎着手提包

◉ 利于学习的走路方式

挺胸抬头

目视前方

背着双肩包，
两手空空

时间超过
20 分钟

走路有两种模式。

一种是感到疲倦的时候，通过走路来恢复精神状态。我喜欢边听音乐边走路，重点是要选择符合自己步伐的节奏感强的曲子。走路回家以后，学习效率就会很高，有时候我也会走路去公园里学习。

另一种是走路的同时进行学习的模式。可以边走路，边练习前面讲过的"回顾学习法"和"立场转换法"。

边走路边思考，能够在锻炼逻辑思维能力的同时，自然而然地将学到的东西在脑中进行整理，促进记忆的固化。

随时随地能够自动复习的"自问自答法"

有些问题很难记住或者经常会出错。

从我的经验来看，曾经错过 3 次的问题，之后还会再出错的可能性很大。

为了不重复犯错，我想出了一个切实可行的方法以留住记忆，这就是下面要介绍的"自问自答法"。

首先，写出答题的日期，用○、△、× 简单地标记是否都会了。然后从中找出有问题的画 × 的题，最后再选出曾答错 3 次的题。

将其内容以问答的形式进行录音。可以用录音笔，也可以用智能手机的语音备忘录功能。

先读一遍问题，停顿 1 拍再读答案。1 拍大约 3 秒。这套流程重复录制 3 次。

为什么是 3 次呢，这是因为连续反复多次有利于记忆的固化，如果只录 1 次，在听的时候可能会错过一些内容。

之后听录音的时候，在听完问题后的 1 拍之内，自己给出答案。

因为是自己提出问题，自己给出答案，所以叫作"自问自答法"。

这个方法参考了我在学生时代使用的《系统英语单词CD》（霜康司·刀祢雅彦著，骏台文库）。在 CD 中，重复朗读 3 次单词，再朗读 1 次由这个单词组成的句子。因为 CD 中多次重复朗读，所以比起其他的教材，这种记忆更加牢固。

所以，我在这种"自问自答法"中也会将内容重复 3 次。

最理想的方式是看了参考书以后自己出题自己作答，如果有难度的话，也可以直接朗读问题集里面选出的内容。

下面将列举一些具体的示例：

问题：江户幕府的第四代将军是谁？

答：德川家纲

问题：book 作为动词使用的时候，是什么意思？

答：预约（房间，座位等）

像这样制作问题和答案并录音。

在标题中，记录日期和教材名称、页数等。

虽然录音是一项比较麻烦的工作，但是效果要超出大家的想象。

我在高中准备美术笔试时第一次尝试了这种方法，我从来没有特意学过，只靠在路上播放录音就取得了满分。

现在，我也在教我的学生们这种"自问自答法"，大部分人都提高了成绩。

在录音中自己的声音听起来和平时不一样，这也会给人留下深刻的印象，更容易记忆。

这种方法的一个优点是，只需要进行一次录音，之后无论在家里，在上下班或上下学的电车里以及走路的时候，都可以随时地反复学习。

我上学的时候，路上大约需要 45 分钟，我按照这个时间制作了录音，往返可以听两次。建议大家也根据自己的生活规律来制作录音并播放。要像刷牙一样，将听录音变成一种每天都必须做的生活习惯，也可以在晚上临睡前或早上起床时听录音。

"自问自答法"的最大优点就是，在制作问题的过程和录制声音的过程中，可以同时完成输入和输出。

切实可靠的"自问自答法"

以"提问"和"回答"的形式录音

Q：江户幕府的第四代将军是谁？
（停顿3秒）

A：德川家纲。
Q：江户幕府的第四代将军是谁？
（停顿3秒）

A：德川家纲。
Q：江户幕府的第四代将军是谁？
（停顿3秒）

A：德川家纲。

边制作问题边进行记忆是输入，录制声音是输出。

这个方法对于以背诵为主的资格考试非常有效。

这个方法是一种非常有效的学习工具，能够切实可靠地帮助人们去记忆，提高自信心，从而更加快乐地学习。

通过音乐提升情绪的"自我动力转换法"

经常听到有人说："学习的时候不能听音乐。"

当然，如果不听音乐就能学习的话，是再好不过的。但是，遇到无论怎样都学不下去、学习动力减弱的情况，就可以通过听音乐使自己重新投入学习。

虽然这样做学习效率可能会有所下降，但总比毫无动力、一点都不学习要好得多。

学习，可以更轻松一些。我认为强制禁止学习时听音乐或者看电视，反而会阻碍学生对学习的兴趣。

证据有很多，那些头脑聪明之人，很多都是一边听音乐一边学习的。

一位从滩中学校①毕业后考入京都大学的学弟说，他经常边听音乐边解答数学问题。

---

① 滩中学校：日本神户市初高中一贯制的著名私立学校。因考入东京大学的学生人数久居首位而知名。

另一位京大医学部的朋友说，当播放音乐时，他只能在刚开始学习的前几分钟内听见音乐，一旦全身心投入学习以后，音乐声就消失了。所以，音乐只是一个导线，将他带入了学习的世界。

我在学生时代也是边听音乐边做作业的。听着自己喜欢的音乐，有一种自己喜爱的音乐家也在支持我的感觉。有了这种心情，学习的时候一点都不觉得辛苦。

把自己喜欢的歌曲加入播放列表，并抱着一种"听音乐的时候顺便学习"的心态去做，这就是"自我动力转换法"。

播放列表可以根据情况创建几种模式。我自己制作了 3 个用于学习的播放列表。

通过音乐提升情绪的"自我动力转换法"

励志类的播放列表

♪

歌词很火热的
摇滚类歌曲

安静工作的播放列表

♪

类似咖啡厅播
放的爵士乐、
叙事曲

放松舒缓的播放列表

♪

轻音乐

第一个是励志的时候。

用于考试和竞技歌牌大赛之前，或者必须做的某些辛苦的工作的时候。要选择那些能使人情绪高涨、令人兴奋的热血音乐。

第二个是安静工作的时候。

在进行例行工作、回复邮件等基础工作时，可以听一些能让心情平和的歌曲。不要选节奏过快的，建议听一些曲调明快的叙事曲。

第三个是想要放松的时候。

当学累了，想要休息大脑的时候，可以选择一些让身心放松的歌曲。正因为有了这个播放列表，才能重启自己，重新点燃意志力。

基本上从自己喜欢的歌曲中选择就可以。

有些人可能会说，有歌词的话就无法集中精神，但如果歌词的内容能鼓舞士气，也可以用这类歌曲让自己努力学习和工作。

但是，音乐始终是为了在最开始导入学习而使用的，类似于润滑剂的作用，一旦注意力转移到了学习上，就可以把歌曲关掉了。

一张 A4 纸就能飞速提高记忆固化率的"睡前检查法"

正如"回顾学习法"所说的那样，经常回顾做过的事情，对于提高记忆的固化率、提高考试成绩方面，效果非常显著。

这里将要介绍的"睡前检查法"能够进一步提升这种效果。

通过"回顾学习法"积累的每次 5 分钟的回顾，在一天结束的时候，临睡前再次进行回顾的话，记忆的固化率会得到惊人的提升。如果能把这种回顾系统化，每天养成习惯的话，就所向无敌了。

"睡前检查法"的做法非常简单。

只要在一张 A4 纸上写出当天学习的内容，晚上临睡前用 30 分钟进行回顾就可以了。在睡眠期间大脑会自动将这些内容进行整理，使记忆固着在大脑中。

纸上写的内容，不是最后一起汇总写出来的，而是在学习的过程中，将不懂的内容、粗体字所强调的内容等随时写在上面。

写满一张 A4 纸，刚好是 30 分钟左右可以完成回顾的量。

书写方式有两种。

第一种方式是具体书写。

如果是英语的话就写出不懂的单词，如果是数学的话就写下题目和答案。

虽然这样做会费点工夫，但因为问题都集中在一张纸上，所以只要有这张纸，无论在哪里都可以随时复习，这是其优点所在。而且，如果整理归档，还会有那种日积月累的成就感。

另一种方式是分条列出日期、参考书名和页数。

虽然使用时必须翻开参考书，但是书写量要比前者小得多。一直不停地书写很麻烦，所以我经常使用这种方法，将笔记写在平板电脑上，用完以后就删除。由于书写简单，所以具有方便持续的优点。

这两种方式都很好，请根据情况选择适合自己的方式来做吧。

一旦开始做的话，才知道原来自己有很多不懂的问题。首先要让自己切实感受到这一点。

不过，就算有很多问题不懂，也不必着急。不必强求一下子都能记住，也不必把问题再做一遍。

比如数学，看完题目需要考虑一下用哪个公式，然后才能作答。如果是英语的话，要反复阅读复杂的文章。如果是社会科目的话，要确认粗体字的内容和原因。

"这里不太懂啊"，以这种轻松的心情来进行回顾就可以了。即便如此，学过的内容还是会牢牢地储存在大脑里的。

另外，前面提到的 30 分钟，是指白天学习 3～5 小时的标准量。

如果是休息日的话，有可能学习 6～10 小时，所以这种情况下的复习回顾时间在 1 小时左右。如果忙的话，只复习 10 分钟左右也没关系。

最重要的是不要有负担，要留有一段可以轻松复习的时间。只需要每个项目浏览 5 秒左右，了解到"原来还有这一项啊"就可以了。只要这样做，记忆的固化率就会大不相同。

到目前为止，我已经介绍了几种全身心投入学习的方法。

即使不喜欢学习的人，只要找到全身心投入的方法，也能立刻开始努力。只要努力，就会产生结果，看到结果以后，学业水平就会有进一步的提高。

能够更进一步巩固这一成果的，就是前项介绍的"自动化复习"。

做到以上这些内容，应该已经切身感受到了明显的效果。

用一张 A4 纸进行回顾的"睡前检查法"

1. 具体书写

11/6
I live in the town
where he lived.
↓
关系副词 = in which
deserve 值得
catch up with 想起

写出不懂的问题

2. 分条列出日期、参考书名和页数

11/6
《高效英语语法》P46
《考试必备英语单词 1000》P96

为了将来复习，
先把不懂的地方
记录下来

提高背诵效率，不会犯困的"爱因斯坦法"

前面介绍的"散步锻炼法"，是指出去散散步可以提高大脑的活力。走路本身可以促进大脑的血液循环，所以就算不在室外散步，在房间内走一走也是有好处的。

但是，实际上几乎没有人会在房间里边走路边学习吧。

我猜有 99.99% 的人都是坐在桌前学习的。

据说著名的物理学家爱因斯坦就是在走路的时候获得了灵感。他和学生边爬山边讨论问题，当讨论到接近核心问题的时候他突然停下脚步开始进行计算，获得了"相对论"的灵感。

因为这种方法是模仿爱因斯坦在散步中获得灵感，所以命名为"爱因斯坦法"。先试着离开桌子，尝试着在房间里边走路边学习吧。

在房间里走路，到底能有多大的效果呢？

我从我的学生中找了 10 个人协助进行实际效果检测，我让他们坐在座位上30分钟，背诵从未学过的俄语单词。之后，再换一批单词，同样是30分钟，这次是让他们边走路边背诵。结果证明后者的背诵效率更高。

从科学的角度来看，一直坐着不动，肌肉得不到锻炼，容易引起大脑供血不足。所以，当你坐在桌前学累了，感觉动力不足，可以站起来在房间里走一走。通过肌肉运动，能够促进大脑血液循环，恢复专注力。

当坐着学习感到困倦的时候，使用这个方法也很有效，通过走路可以提神醒脑，消除困倦。

有一所重点高中，听说教室的四面墙壁上都有白板。上课的位置不固定，可以随时移动，设置多种环境，这样做可以提高学习效率。

我也在自己的房间墙壁上贴了白板，做数学题的时候都是站着解题，我还在房间的四角都贴上了想要记住的内容，再走过去背诵。

边走路边朗读，特别有助于背诵，更容易将内容固化到记忆里。这种做法大大提高了我的背诵效率。

现在我也教给自己的学生们同样的方法，通过这种方法提高了他们的成绩。

在房间里走来走去也许有些感觉怪怪的，但是在家里只有家人才能看见，没有关系的。让我们走起来，增强自己的记忆力吧。

体验成就感，稳定进步的"音效激励法"

除了使用音乐提高情绪的"自我动力转换法"之外，还有一个也是有效利用声音的方法，这就是"音效激励法"。

当自己觉得"我做到了"的时候，可以播放游戏"勇者斗恶龙①"的通关升级的声音。

没错，就是那个"嘀哩哩哩——嘀嘀嘀——"的声音。

这种声音可以把打败敌人、通关升级的感觉映射到自己身上，以获得成就感。

如果一直在不断学习，有时候就会对自己是否真的会了，是否真的有进步感到不安。

虽然很难确认是否有进步，但是当你感觉似乎到了瓶颈的时候，就可以有效地利用这种声音，使自己有成功的感觉，成为继续前进的原动力。

---

① 勇者斗恶龙游戏：是由日本艾尼克斯研发的电子角色扮演游戏系列，作为游戏史上最畅销的长寿游戏系列之一，在日本具有"国民RPG"之称。

当然，也可以使用其他的游戏音效。最重要的是，音效要能够让自己有种"做到了！""太好了！"这种情绪激动的感觉。

音效播放的时机有 3 个。

① 当正确率超过 90% 的时候

如果正确率能达到这个比例，应该会有很大的成就感吧，所以要自信地让音效鸣响，让自己进一步投入到学习之中。

② 临睡前回顾一整天的学习内容的时候

回顾当天的学习，意识到"原来今天学了这么多啊"的时候，一定很有成就感。临睡前有个好情绪，带着好心情入睡的话，第二天早上也能带着积极的心态去学习。

③ 自己设定时间，在限定时间内完成的时候

考试是有时间限制的，所以平时不能总是慢条斯理地做。要像正式考试那样设定限制时间，增强在限定时间内完成的意识，以提高专注力。这就是所谓"时间压力管理①"的效果。

———————————

① 　时间压力管理：是指以效率、效果、效能为目的，在工作、

体验成就感的"音效激励法"

1. 当正确率超过 90% 的时候

这个结果的确很给力，所以要有自信

2. 临睡前回顾一整天的学习内容的时候

临睡前有个好心情，第二天早上也会有积极的心态

3. 自己设定时间，在限定时间内完成的时候

在限定的时间内完成，提高专注力

生活中有目的地利用时间管理规则和技巧。

无论哪种情况，最重要的是体验成就感。

即使情绪不高，只要听到音效，就会记忆在大脑中，并体验到成就感。要有意识地打造这种状态。

长此以往，即使不播放实际音效，大脑也会自动发出声音。我在刚开始的时候也是先录制音效再播放出来，而现在已经可以自动在大脑中响起这种声音。

在我的学生中，还有的人录制了自己喜欢的偶像的声音，感受到偶像的支持，使自己的积极性高涨。

这些能提高学习动力的工具，经常隐藏在学习之外。

体验到成就感之后就会产生自我肯定感，找到明确的目标。

让我们把日常生活中的一切事物都利用起来，作为开启学习的按钮，去提升学习动力吧。

背诵复杂内容的"反复诵读法"

大家在背诵的时候是怎么做的呢？

在学校上课时，老师会告诉学生哪些东西需要记住，但是并没有教给他们如何才能记住。

很多人可能有这样的印象，小学时经常要抄写汉字，因为有过多次抄写最终记住汉字的经验，所以直到现在也深信自己是"先抄写后记住"的。

当然，这种办法也并非不可以，只不过抄写这个行为既单调又辛苦。与此相比，有更简单、更有效记忆的方法。

那就是"发声记忆"。需要背诵的东西，只要反复诵读，一定会留在记忆中。

在这里我来教给大家背诵的方法。

只需要堵住自己的耳朵，把单词和课文等需要背诵的东西不停地诵读就可以了。

比如，古文中"之乎者也、乃所为于"等虚词的组合很难背诵，但正是这类内容才最适合反复记忆。

刚开始的时候边看书边大声诵读，然后再堵住耳朵诵读，最后，堵住耳朵、闭上眼睛接着诵读。通过这一系列的过程，把想要记住的内容读出来。这种重复诵读可以提高记忆的固化率。

你可能会觉得奇怪，为什么要堵住耳朵？这是因为堵住耳朵时，自己的声音听起来和平时不一样。

前面说过大脑喜欢新的事物，正如"自问自答法"中提到的那样，听到与平时不同的声音时，大脑会感到很新鲜，更容易留在记忆中。这种违和感会留下深刻的印象，有利于更好地记忆。

反复诵读这个方法的灵感来源于僧人诵读经文，所以我称之为"反复诵读法"。

利用发声记忆的"反复诵读法"

1. 出声诵读

2. 堵住耳朵，出声诵读

3. 堵住耳朵、闭上眼睛，出声诵读

这个方法在固化记忆方面非常有效。但是闭着眼睛，堵住耳朵，嘟嘟囔囔的样子还是有些奇怪的，所以不要在人前这样做，可以和"爱因斯坦法"一起在房间内进行。

打造超专注空间的"秘密基地法"

作为专注学习的触发器之一，前文介绍了利用"声音"的方法，除此之外还有利用"空间"的方法，叫作"秘密基地法"。

打造一个不受任何人干扰的空间，集中精力学习。

一听到"秘密基地"这个词，很多人都会感觉很兴奋吧。尤其是对于男人来说，这是男人从小的憧憬。我当然也不例外。

上高中的时候，我想要建造一个只有自己才可以进去的空间，所以把自己房间的一角用布隔开，形成了只能放下桌子和椅子的狭窄空间。这就是我的秘密基地。自从开始在这个空间里学习以后，我的专注力一下子就提高了。

其实，在狭窄的空间中学习本就比在宽敞的空间中学习效率更高。比如，很多人都有过这种经历，在图书馆的隔断自习室里学习，会比任何时候都更能集中注意力。同样，在狭窄的空间里，因为没有多余的东西进入视线，所以可以专注学习，取得进步。

如果能把自己的房间分隔出一部分使用的话就再好不过了，但并不是所有的人都拥有自己的房间。

也可以把客厅的一角分隔出来，或者将无人使用的时间段的浴室作为学习空间。如果所需时间不长的话，厕所也是可以作为学习空间的。而且，并不仅限于家中，网吧、会议室、自习室等在某种程度上被隔开的空间，也是学习空间。

狭窄的空间、被隔断的空间，这是首要的条件。

一般来说，不想被他人接近的私密空间（排他性区域）是指自己周围 50 厘米见方的区域。在这个范围内如果没有别人进入，就能集中精神。这正好也是刚刚能放下书桌和椅子的空间，很容易想象出来大小。

虽然空间狭小，但是不要弄得太暗，要确保学习所需的亮度。

第二个要点是"消除诱惑"。

简单来说，这个空间是学习专用的空间。为了能够专注于学习，不要带入与学习无关的东西，也不要携带电子设备。

因为只要这些东西进入视线，就会不知不觉被吸引。

比如，在学习的时候，有时候会不知不觉地开始看起了漫画，这是因为漫画书在同一个空间里。彻底禁止漫画书有些不近人情，但是建议不要放在房间里，当想看漫画的时候，可以走到客厅等其他地方去看。

书桌上也是一样，不要放置多余的东西。

可能大多数人都会把书桌靠在墙边放置，但是这样的话就容易在不知不觉间把各种东西都放在那里，包括根本用不上的参考书等。这些也是影响专注力的主要因素。书桌上基本什么都不要放，保持全新的状态。很多书桌是带书架的，我会拧掉螺丝，拆下书架，把教科书按照科目类别放入不同的纸盒箱里，学完以后再放回去。

而且，桌子靠墙放置的话，自己的身后就会有空间，注意力会分散到后面的空间。所以，背对着墙壁坐，更能集中注意力。

这种秘密基地就是"一旦进入那里，学习就会顺利进展"的一个按钮。

无论怎样都无法集中注意力的时候，休息一下也不错。

也可以试试"在这里不行的话就去那里，那里也不行的话就再找另一处"的方法，通过改变场所，开启新的按钮，一定会有所收获。

　　能够学习的环境和开启学习的按钮拥有的越多，越能够全身心投入学习。

轻松提高阅读速度的"速读捕获法"

一提到"速读"，很多人心里都希望自己能实现快速阅读，但也有不少人感觉太难了，自己根本做不到，而不敢去尝试。

的确，想要以现在阅读速度的 10 倍或 20 倍的速度阅读是很难的，但是提升 3 倍到 4 倍左右是有可能的。如果是实现 2 倍速的程度，相信任何人都能做到。

通过这个简单的"速读捕获法"，就可以提升学习效率。

首先请从用词组开始阅读。

当看到"苹果"这个词的时候，我想没有人会把"苹"和"果"分开理解，而是把"苹果"这两个字合在一起来把握词义的。如果经常抱着这种阅读意识，阅读速度就会提高。

日语中的大部分名词都是由汉字和片假名组成的。即使阅读时忽略助词，只要捕获到这些汉字和片假名，也能理解大概的意思。只要捕获到汉字、片假名和数字这三种关键词，就能够实现快速阅读。

以夏目漱石的名作《我是猫》的开篇为例。

吾輩は猫である。名前はまだ無い。

どこで生れたかとんと見当がつかぬ。何でも薄暗いじ
めじめした所でニャーニャー泣いていた事だけは記憶して
いる。吾輩はここで始めて人間というものを見た。しかも
あとで聞くとそれは書生という人間中で一番獰悪な種族で
あったそうだ。この書生というのは時々我々を捕えて煮て
食うという話である。しかしその当時は何という考もなか
ったから別段恐しいとも思わなかった。ただ彼の掌に載せ
られてスーと持ち上げられた時何だかフワフワした感じが
あったばかりである。掌の上で少し落ちついて書生の顔を
見たのがいわゆる人間というものの見始であろう。この時
妙なものだと思った感じが今でも残っている。第一毛をも
って装飾されべきはずの顔がつるつるしてまるで薬缶だ。

（译文参考[①]：

我是一只猫，不过直到今天也没有名字。

我一直弄不清楚自己的出生地，在我的印象中，那个地方似乎非常阴暗、潮湿。我曾发出喵喵的叫声，在那儿，人这种怪物第一次出现在我的面前。那是一个"读书人"，也是我第一次见到的人，这是我后来才知道的。在所有人类当中，最恶毒粗鲁的就是这类人。据说，他们经常抓我们煮来吃。不过，当时尚不懂事的我对恐惧还没什么概念。我被他放在手心里突然举了起来，那种晃晃悠悠的感觉是我唯一的记忆。等我在他的掌心上冷静下来后，他的面孔就出现在了我面前。这大概是我出生以来第一次和传说中的人类碰面。迄今为止，在我的记忆中依旧深深印刻着当时的想法，那就是："人这个东西真是奇怪！"抛开其他的不论，单看他那张脸，原本应该长着绒毛的地方竟然像个烧水的圆铜壶那样光秃秃的。）

"吾辈""猫""名前""無い"……捕获到文章中这些汉字和片假名来阅读的话，是不是比想象中更容易理解呢？

---

① 译文引自《我是猫》（夏目漱石）田雨译，北京联合出版公司版本。

这个方法用于阅读教科书和参考书的目录也很有效。

大家都知道，目录集中了高频率使用的词语和经常出现在考试中的关键字，因此，用捕获词组的方式来阅读也会在记忆中留下印象。

此外，可以与速读相结合的有效方法还有速听。

阅读速度慢的人，基本上都是在心里默读的，这样做就会比较费时。如果能够养成速听的习惯，就能够像捕获文章中的文字信息一样，迅速捕获到听到的关键词。

现在有一些 App 可以提高倍速，还有很多听力的教材。除了英语单词的 CD 和播音员朗读的日本史等，自己录制的"自问自答"，以及平时常看的 YouTube 视频，都可以用倍速播放。

快速阅读有很多好处。

因为反复多次阅读，所以记忆更加牢固。

考试的时候，很多学生明明都会试题，但是却花费很长时间去读题，最终没能答出来。如果经常进行速读的训练，就可以避免这种情况。

而且，由于单位时间的阅读量增加了，学习的进度会加快，从而获得成就感。

比如，以前一小时能读 5 页，而现在能读 10 页的话，不仅能获得多读了 5 页的成就感，同时也能获得居然可以读完 10 页的成就感。

想休息的时候，也能提示自己"10 分钟就能看完，等看完再休息吧"。

当意识到自己居然可以在短时间内做到这一点，我们会变得更加自信，更加全身心地投入学习。

第 **3** 章

把"做不到"变成"做得到"！
把不擅长的领域变成擅长的领域

把学会的项目写出来

我曾多次强调在短时间内取得成果的必要性。对学过的内容的反馈越快，就越能获得成就感，更容易进入全身心投入的状态。

因此，一个非常有效的方法就是记录每天学会的项目。

记录当天学会的项目，在很多关于学习方法的书籍中都有介绍，但真正去实施的人却很少。

通过记录已学会的项目，并将其可视化，就会切身感受到原来自己今天是如此的努力。

而且，如果当天学会的内容很少，也会成为明天需要更加努力的动力。

在我的学习班里，我每天都会让学生汇报四项内容，包括当天的学习内容、学习时间、是否进行了第 2 章的"回顾学习法"中介绍的回顾复习、是否用"睡前检查法"进行了睡前复习。

同时，我也会尽快对这些汇报给予反馈。如果收到的汇报比较早，我就会在当天进行反馈，如果收到的汇报比较晚，最迟我也会在第二天的上午回复。我会鼓励并指导他们"继续加油""这里需要再做一下"等。

这种反馈，不仅能够给予学生正确的学习指导，还有助于提高他们的学习积极性。

这个方法同样适用于自己一个人学习的情况。

记录的方法非常简单。只需要写出教材名称、页数和学习时间即可。

可以用笔记本或者电子媒介进行记录，因为没有第三者的反馈，可以自己检查对于该领域的理解掌握程度。

关于理解掌握程度的检查，毕竟是自我评价，所以没有必要做得太细，只要用〇△×来表示出"完成情况很好""完成情况一般""没有完成"这三个程度就可以了。

没能完成的内容，尽量在短时间内解决掉。这样的话，就能尽快体验到成功的感觉，获得更多的成就感。

使用"睡前检查法"写在A4纸上内容，用完以后可以扔掉，但是每天的学习记录还是建议留下来，以便客观地了解自己的学习进展情况。

这种自我分析正是所谓聪明之人都会去做的事。通过自我分析，他们能够明确目标。为了获得成功，他们会自动自发地想出各种方法完成任务。

顺便提一下，我曾在上高中的时候写过一本叫作"学习储蓄"的笔记。上面简单地记录着学习内容和学习时间，并把学习时间按照存折余额的方式累计记录在上面。

蓄积时间和存钱的感觉一样，会产生相当大的成就感。每个月计算一次总时间，并设置类似"超过 3000 分钟就可以玩这个游戏，读几本漫画"的交换清单，可以提高学习的动力。

一位以第一名的成绩考入东大建筑系的朋友曾经说过，他如果每个月不向父母提出学习计划，就得不到零花钱。零花钱也可以当作对自己每天进行自我分析的奖励。

在短时间内反复进行自己反馈，并由此获得成就感，只要这样做，人人都可以全身心地投入学习。

只要遵守三个规则，就一定能全身心投入

刚才讲到头脑聪明之人都会进行自我分析，这种自我分析不仅针对学习内容，对于学习专注度，也有必要进行自我分析。

很多人虽然使用了前面介绍的学习方法，也有这种学习意识，但有时候依然感到无法全身心投入其中。

这种时候，可以试着进行一下自我分析，看看是什么原因造成的。为了能够做到全身心投入，需要遵守 3 个规则。

规则 ① 快速反馈

第一个规则是前面介绍过的"目标明确，快速反馈"。如果目标明确，反馈速度快，就可以每天都获得成就感，从而实现。

规则 ② 可以控制

第二个规则是"能够自己控制当时的状况"。

比如，下个周末的英语考试迫在眉睫，必须要学习英语，但如果被其他学习任务占用了时间，或者总是想休息，就不能算是全身心投入。

步入社会以后，很多人会边工作或边做杂事边学习，因此需要自己掌控好自己该做的事情，并进行相应的调整。如果能打造出便于集中精力的环境，就更容易做到全身心投入。

规则 ③ 保持平衡

第三个规则是"要使自己的学习能力和现在的学习内容保持平衡"。

正如第 1 章所述，设定高目标，勇于迈出第一步是好事，但如果所做的事情与能力不符，就不会有效果。

目标越高，参考书的等级就越高。如果在学习刚开始的阶段非要去做东京大学的历年考题，肯定是不行的。

所谓欲速则不达，一定要脚踏实地，去做符合自己能力水平的事情。

如果目标与自己能力相符，就能够朝着目标顺利前进。如果不满足于此，也可以设定比自己的实力稍高一点的目标，只要努力就能实现，这也是提高自己的一种方式。

　　以上的 3 个规则适用于任何学习，是确认是否全身心投入的标准。

　　只要做到这三点，就能做到真正的全身心投入，学习成绩的提高也是顺理成章的。反之，如果没有做到全身心投入，一定是这三个规则中至少有一个规则没有遵守。

　　要经常检查自己是否遵守了规则，经常进行自我分析，确认自己的不足之处。

轻松了解自己学习能力的方法

在此，我将详细讲解前面提到的规则③"要使自己的学习能力和现在的学习内容保持平衡"。

如果所做的事情不符合自己的能力水平，当然无法全身心投入。要想确认是否做到了平衡，需要对自己的现状进行分析。

在我的学习班里，所有的学生都要回顾一遍迄今为止都进行了怎样的学习。这样我就可以掌握学生们的现状。更具体点说，现状是指学生们现在的学习能力和志愿学校或目标资质之间的差距。

在掌握了差差距的基础上，确定应该使用的参考书。一般来说，这种差距应由专业人士来进行判断，但是下面这个方法，即使自己一个人也能轻松地进行判断。

那就是去看看自己想要参加的考试的历年考题。

级别 ① 一点都不会

先试着做一下，看看这些题自己会不会答。即使做不出来也不必灰心，没有人从一开始就什么都会，这些考题只是为了掌握自己的学习现状而已。

如果连题目都看不懂，看完答案以后仍然不懂的话，自己便属于初学者阶段，所以应该从基础入门开始。

可以从带有配图的入门书以及初中水平的初级教材开始重新学习，逐步提升。

很多人感觉自己学得不错，而当试着去做历年考题时，才意外地发现自己原来根本不会。如果一直自我感觉良好，一味追求高级别的学习，就会越来越学不明白。所以不要怕丢人，要回到基础入门中重新学习。

级别 ② 不知道答案

这个级别的人，能够理解问题的意思，但却不知道该如何作答。虽然不算是初学者，但仍然属于初级水平。应该从简单的教材开始着手，如果学习一阵发现很困难的话，再回到基础入门级别。

级别 ③ 看完答案解析就懂了

有的题会做，有的题不会做，或者看完答案以后就懂了的人，建议先快速做些简单的试题集，之后再学习与正式考试相同水平的教材。

级别 ④ 一定程度上理解

每道题都能在一定程度上理解的人，以历年考题为主进行学习是最好的。任何考试都不会超出以前考过的题库范围。历年考题做得越多，就越了解自己不擅长的领域，所以要攻坚的问题也就越明确。

再重复一次，以上列举的这四个级别的共通点是不必害怕回到以前的水平。即使回到初学阶段，也不要抱怨"怎么从基础开始学啊"，要脚踏实地、稳步前进。

越是难度大的考试，人就越容易焦虑，不顾一切只想前进的话，就本末倒置了。

请将"欲速则不达"这句话铭记于心。

想象"做""不做""实现"

大多数的考试都有期限。

高考等应试学习自不必说，社会上的资格考试也都是有期限的。没有确定的期限，只知道稀里糊涂去学习是不行的。先要确定什么时候参加考试、什么时候拿到资格证等具体的期限，否则很难实现目标。

一旦确定了期限，就要把它形象化。

首先，直到考试之前都要去"做"。

比如，TOEIC 考试有无数的参考教材。当然，如果全部都做完的话，一定能轻松地通过考试吧。但是，这在现实中是不可能的，而且也没有必要全部都做。最重要的是一定要自己好好思考，有选择地去做。

即使别人建议你"做这个比较好"，也不要人云亦云，要有自己的判断，根据自己的意愿来决定。

而且，要彻底明确地想象一下将要做的事。决定选择哪种参考书，选择多少本，到什么时候截止。通过形象化的想象，可以使目标更加明确，更容易实现。

在"做"的同时，也希望大家想象一下"不做"的事情，实际上决定"不做"的事情要比想象中困难很多。

因为越希望考试成功，就越感觉不安，就越是什么都想做。

但是，一旦决定了要做的事，也就相当于决定了不做的事。

当明确了要做的事，那么不做的事也就应该很清楚了，所以只把注意力集中在要做的事情上吧。

比如，如果在即将到来的考试中，主要考点是近现代史的话，那么在优先顺序选择上就不会把古代史排在前面。

接下来，再想象一下"实现"的感觉。实现分为两种类型。

一个是对实现本身的想象。这是通过我的学生了解到的。

当学生问我"做完这本练习册能得多少分"的时候，我回答说"能得 70 分"，因为我意识到对他们来说，取得具体分数的实际印象非常重要。

也可以称其为目标。当学习的时候，要带着"把这本练习册做完，就能把模拟考试的成绩提高 10 分"这种具体的印象去努力，这样才会产生明显的效果。

另一个是对实现以后的想象。在序章中也有所涉及，其实这种想象是最有效的。

我当年曾经非常具体地想象过高考之后发布成绩时的感觉。

在我的脑海中，不仅有"太好了，我考上了！"的画面，甚至还具体想象过自己带着全家人一起去看成绩，随后拨开人群来到公告栏前面的情景。

在初升高的录取发布现场，虽然我很想自己找到我的考号，但还是被父亲先找到了。我经常在脑海中反复回忆那个场面，回味被学校录取时的喜悦。

学习动力不足的学生，也许是对实现愿望以后的想象不足。

经常收集志愿学校的信息，与以前考试合格的学生聊一聊，能够更具体地想象出实现愿望时的兴奋之情，就很容易全身心投入到学习之中。

一个人学习是孤独的。

当你遇到挫折快要坚持不住的时候，这种想象可以成为你的动力，助你一臂之力。

　　请试着感受自己被另一个自己所鼓励的感觉，经常在脑海中想象这种画面。

坐在桌前不等于学习

大家平时都在哪里学习呢？

估计大多数人都是坐在桌前学习吧。

我问过我的学生都是在哪里学习的，他们中有的在自己的房间，有的在学校，有的在自习室等，但无论场所在哪里，无一例外的都是坐在桌前学习。

在第2章的"爱因斯坦法"中我也提到过，那些头脑聪明之人并不是只坐在桌前学习的。

我自己在应试学习的时候，无论是洗澡、上厕所，或是乘坐交通工具的移动过程中，都在学习。所谓移动过程，不仅包括乘坐电车和汽车等交通工具的路上，还包括从家中的客厅走到书房等所有的移动过程。

也就是说，任何地方都可以成为学习的空间。

这时的我，完全沉迷于如何能在短时间内高效地完成应试学习这一游戏中。如果一直坐在桌前会感觉身体很累，大脑的血液循环也会变差。所以我认为长时间坐在桌前学习的效率其实非常低。

我们从小学开始，就被灌输了一种学习应该是坐在桌前的意识。

当父母喊你快去学习的时候，一定是你没有坐在书桌前的时候。反之，如果你坐在书桌前，即使是在偷偷地看漫画，父母也很可能会认为你在学习。

这种固定的观念已经根深蒂固，所以造成了很多人只要一坐到书桌前就会很心烦。

首先，要摒弃这种固定观念。无论哪里都可以学习，先尝试换个地方学习吧。

躺在床上、坐在沙发上都可以学习，或者边看电视边学习也可以。哪怕没有学进去，一大半的时间都在看电视也没有关系。

我问了京大的同学们，很少有人说自己是完全坐在书桌前学习的。而且，以学生的学习能力超强而闻名的芬兰，听说那里的学校没有书桌，学生们随意坐在坐垫、沙发上等自己喜欢的地方学习。

被束缚在教室这个空间里和固定的座位上，而且必须一直保持同一种姿势，这种被强迫的感觉直接带给人一种"学习很痛苦"的负面印象。从这一点来看，转换学习场所可以提高学习效率。

一下子改变全部环境很困难，可以在可能的范围内试着进行改变。这样的话，思想意识也会发生变化，可以更快乐地学习。

摆脱"学习很痛苦"的负面印象，回归自由和快乐。

想办法享受学习

要想消除"学习很累、很痛苦"的负面印象，该怎么做呢？

我经常听到学生抱怨说"学习太难了，完全不得要领"，一旦陷入了这种负面想法，就会把所有的精力都集中在如何克服困难上面，逐渐脱离了对学习全身心投入的状态。

不要忍耐痛苦的负面情绪，而是要思考如何才能使学习变得有趣，并付诸实施。

正如前面讲过的那样，任何学习都有其有趣之处，正因为有了沉迷于这些有趣之处的前人，知识才能得到如此的发展。但是，这种有趣之处并不是轻而易举就能找到的，需要花费一些时间。

为了更快地发现学习的有趣之处，需要自己去想办法。比如，参考书中不是所有内容都很难的。

在学习历史的时候，仅仅罗列史实很难记得住，但如果历史内容是漫画形式的话，就能够理解这些人物怀着怎样的情感，也就能掌握各种事件的来龙去脉。

像这样以感情为焦点，把学习变成电视剧是很好的方式。当然，其他科目中也有很多既简单又有趣的内容。如果能以这些内容为线索，发现其中的有趣之处就最好了。

这不是为了克服学习的痛苦，而是为了享受学习的乐趣。

我经常对我的学生们这样说："既然怎样都得努力，那就不要做无效的努力，而是要做成功的努力。"

无论做什么事，最重要的是要乐在其中。

觉得痛苦的人，最终一定战胜不了乐在其中的人。

"无聊""辛苦""无法忍受"。

告别这种痛苦的学习吧。

我在学习自己不擅长和不喜欢的科目时，会在这科的书皮上写上"简单，快乐"这几个醒目的字。

有时候，我还会在卡拉 OK 里面学习，每当学累了感觉喘不过气来就尽情地热唱一曲，然后再接着学习。

此外，我还想了很多办法，比如把参考书当作剧本，充满感情地朗读，和朋友赌一顿饭来竞争考试成绩等等。

不要努力忍受痛苦，要努力让痛苦的事情变得快乐。

学完却没学懂，该怎么办？

"学完却没有学懂，很烦恼。该怎么办？"

这是学生们经常来向我咨询的问题。

这种问题一般不会在学习的初期产生，而是在学到一定程度以后经常出现。我会向学生们做出正面的积极回应："这种情况正是你们不断进步的证据。"

当问到"哪里没有学明白"的时候，很多学生却答不出来。于是我会接着问："是这里吗？"学生回答说："不是那里，是这个部分。"通过这种交流，很多学生会豁然开朗："啊，我明白了。"

也就是说，如果明确了到底哪里不懂，就有可能在交流的过程中弄明白。

因此，最重要的是要尽量明确自己到底哪里不明白。

不懂的地方去问别人是最快捷的办法。我的学习班中设置了随时都可以进行任何提问的班级，根据科目确定主管讲师，学生们的提问基本上都会在当天内解答完毕。

话虽如此，但当自己一个人学习的时候，没有办法去问别人。这种情况下，有两种解决方法。

一种方法是先越过去继续往后学。

这种方法跟学习内容相关，如果只是略有不懂，继续往后学习，有可能就可以理解前面的问题了。比如现代文等科目就是这样的，当后面出现具体的事例可能就会弄懂了前面出现的问题。

另一种方法是果断地返回到上一个阶段。

如果没有弄懂就无法往下继续进行的话，就要重新回顾一下入门阶段的内容。特别是英语等积累式学科，不懂就返回是最好的捷径。

遇到不懂的问题时不必过于消极。这正是你的学习已经接近全身心投入状态的证据。

因为在这种状态下，不懂的问题无法放任不管，一定要解决了才行，所以学业水平会得到很大的提升。

另外，在确认具体哪里不懂的过程中，可能忽然就弄懂了，很多时候，懂与不懂其实只有一步之遥。而且，从不懂到懂的过程是一种成长，也是全身心投入学习的契机。

战胜睡魔的 5 个方法

除了学习内容本身，其他与学习相关的烦恼中，反映最多的是学习的时候容易犯困。特别是步入社会以后，大部分人都是白天忙于工作，晚上回家后再学习的模式。在这种情况下学习，觉得困倦也是情有可原的。

在这里，我将介绍 5 种战胜睡魔的方法。

深呼吸

感到困倦的主要原因之一是大脑中氧气不足。

通过进行深呼吸，可以增加氧气量，消除困倦。但如果到了已经完全困得不行的状态，这种方法就基本无效了，所以请在刚刚感觉有点困的时候使用。

呼吸法有很多种，在这里介绍一种简单的方法。其基本做法是慢慢地将气体全部呼出，再用鼻子慢慢吸气，这样重复 3 次即可。

营造沐浴晨光的环境

困倦的原因可能是因为平时的睡眠质量不好。

当沐浴在晨光中，人的大脑会分泌一种促进觉醒的物质——五羟色胺，从而保持身体机能的平衡。

五羟色胺还能促进睡眠激素"褪黑素"的分泌，随着五羟色胺的增加，睡眠质量也会提高。

过去的人们过着日出而作、日落而息的生活，自然而然就能保持身体的节奏，但是在现代，即使夜晚也亮如白昼，所以身体的节奏很容易混乱。

重置身体节奏的最好方法就是沐浴在晨光下，但这可能很难做到。所以，我们可以用市面销售的可以调节光线的台灯来代替晨光，我也在使用这种台灯，可以设定为从起床前30分钟开始逐渐变亮，使自己能够自然地清醒过来。

睡前泡个澡

临睡前并非冲澡，而是泡个热水澡的话，能够促进身体的血液循环，放松情绪，睡得很香。第二天应该就能够战胜睡魔了。

所谓临睡前，并非指泡完澡马上睡觉，大约在睡前1小时泡澡是最好的。

当人体温度下降，人就会犯困。由于刚泡完澡身体很暖和，体内温度比较高，即使想睡觉也会感觉精神振奋，目光有神，所以最好在泡完澡1小时后再躺下。

浴缸的水温度不要太高，在40摄氏度左右有助于放松身心。

做伸展运动

泡完澡以后，做做伸展运动吧。

我推荐使用棒状的伸展运动垫，每次躺着做 10～15 分钟。这样做的话，能够使胸骨张开，更好地进行深呼吸，睡眠质量也会提高。

现代人的呼吸深度整体偏弱，所以要有意识去锻炼，使胸骨张开。

而且，这样做还会增加身体的柔韧性，可以促进血液循环，增强大脑活力。平时养成做伸展运动的习惯，更容易集中精力学习。

防蓝光

我们平时使用的电脑屏幕和智能手机屏幕会发出蓝光，这种光线具有觉醒作用，容易对睡眠产生不良影响。

我在晚上9点以后，都会戴上防蓝光眼镜进行工作。因为我是近视眼，所以我戴的是有度数的防蓝光眼镜，也有没有度数的防蓝光眼镜，不近视的人可以选择这种。

很多人在睡觉前有看手机的习惯，建议晚上将手机画面亮度设置为自动变暗的"夜间模式"。我自己设定的是到晚上9点就自动切换亮度的模式。

如果可以的话，尽量戴着防蓝光眼镜的同时使用"夜间模式"。

在日常生活中多注意以上的这些问题，可以提高睡眠质量，学习过程中也不容易犯困。我的学生中，有很多人都通过改善睡眠提升了学习效率，提高了成绩。因此，请大家一定要重视睡眠。

改变饮食习惯，提高专注力

上面说到学习时容易困倦，其实饭后也是如此。

吃饱了就容易犯困。每个人都有过这种感觉吧，这是饭后血糖值急剧上升的缘故。尤其是当食物中碳水化合物过多时，这种倾向会更加明显。

早中晚三餐都不宜吃得太饱，尤其是晚上更要少吃为好。

因为在饱腹的状态下睡觉，睡眠质量会下降，会对第二天的精神状态产生影响。学习中经常犯困的人，请重新审视一下自己的饮食习惯。

饮食习惯对大脑的活动也有很大的影响。

葡萄糖是大脑所需的营养，所以碳水化合物的摄取是必要的，如果能和猪肉、大豆、西兰花等含有维生素 B_1 的食物一起吃，可以帮助碳水化合物转化为葡萄糖，有助于提高专注力和记忆力。

秋刀鱼、鲕鱼^①、竹荚鱼、沙丁鱼等鱼类中含有的不饱和脂肪酸（DHA、EPA）具有改善血液循环的效果，能够提高行动力和判断力。

除此之外，大豆、坚果、鸡蛋等中含有的卵磷脂具有生成神经传导物质的作用，有助于提高大脑活力。

已经流行了很久的"下午3点吃零食"的做法，从大脑的活动规律来看，可以说是非常合理的习惯。

这样做不仅可以在午餐后最容易困倦时段里恢复精神，而且由于补充了大脑能量来源的糖分，可以提高学习和工作效率。

但是，如果吃得过多，营养反而无法到达大脑，准备一块巧克力是不错的选择。我在竞技歌牌比赛之前，经常用巧克力来补充能量。

在学习和工作的间歇，很多人都会喝饮料，但是一定要选择喝红茶。

荷兰一位科学家的实验研究结果表明，红茶中所含的L

---

① 鲕鱼是一种中型海鱼，肉质甜美，富含蛋白质、脂肪、维生素A、维生素B_1和维生素B_2等，是日料里的顶级食材。

茶氨酸和咖啡因具有提高学习工作专注力的作用。

前面提到过，葡萄糖能够给大脑提供能量，而葡萄糖和咖啡因的组合可以提高工作效率，所以可以在红茶里添加少量的砂糖。

另外，柠檬比牛奶更适合加入红茶中。因为柠檬汁中含有代谢疲劳的物质柠檬酸，能够缓解疲劳。如果你经常感到困倦，可以试着减少米饭的量，改喝柠檬茶。

在我的学生中，有些人总是责备自己，觉得学习时经常犯困是因为自己的意志力薄弱，没有干劲。但事实并非如此，只是单纯的饮食习惯的缘故。

在改善饮食习惯的时候，请一定要先了解"第二餐效应"。

这个概念是在 1982 年由加拿大多伦多大学的詹金斯博士提出的，是指最初的饮食（第一餐）对下一餐（第二餐）血糖值的上升的影响。

如前所述，一旦血糖值上升人就会发困，为了抑制血糖值的上升，可以摄取一些膳食纤维。

根据第二餐效应，在需要集中精力的时间段的前一餐开始摄取膳食纤维，以避免产生困倦感。

例如，如果总是不到睡觉时间就犯困，午餐可以改成摄取膳食纤维，这样能够抑制晚餐血糖水平的上升，使人不易犯困。与煮鸡蛋、酸奶和纳豆等发酵食品、大豆制品一起同食的效果更好。

虽然很难在短时间内全面改变饮食习惯，但一定要有意识地去控制。

重新审视并改变自己的饮食习惯，能够获得超出想象的效果。

把无趣的世界变得有趣的"承诺合同"

到目前为止，我已经向大家介绍了很多如何全身心投入学习的方法，接下来再向大家介绍一个终极方法——"承诺合同"。

"承诺（commitment）"是指约定、委任等意思，银行在合同范围内执行融资的约定，有时会使用"承诺合同"一词。

我将这种承诺合同用于坚持学习方面，虽然与真正意义上的合同略有不同，但得到了家人和朋友的协助，他们成了我的签约对象。

设定好目标，如果实现了就能够得到奖励，这是很常见的合同形式。

与此同时，我还约定了如果无法实现时的惩罚，并签订了合同。这正是所谓的"糖果和鞭子"。

重点在于鞭子的比重要大于糖果，这样就会产生"绝对要实现"的意识，并为之努力。

在我的学生中，奖赏的设定因人而异，但在惩罚方面，绝大多数都写的是"在一定时间内不能使用智能手机"。

的确，如果不能使用手机真的是一件很头疼的事情。还有的学生把惩罚设置为"捐款"。先把现金放到朋友那里，如果不能实现目标，就让朋友用这个钱买喜欢的东西。但无论哪种惩罚，都很少有机会用到。

归根结底，这只是点燃动力的终极手段而已。但是，只要怀有这种轻松游戏的心态，学习很快就能变成有趣的东西，这一点请大家一定要记住。

"让这无趣的世界变得有趣吧。"

这句话是高杉晋作^①的辞世之句，也是我的座右铭。

无趣之事，如果仅仅因为没有意思就不去做，实在是太可惜了。

如果无趣的话，自己想办法使其变得有趣就可以了。

这样做的话，任何事情都一定能变成有趣之事。一旦变得开心快乐，接下来就胜券在握了。你的成绩会自动提升，等自己意识到的时候可能已经实现了目标。

———————————

① 高杉晋作：日本幕末时期的著名政治家和军事家，长州藩尊王讨幕派领袖之一，奇兵队的创建人。

第 **4** 章

只有聪明之人才有的快乐学习的习惯

专注学习需要养成某些习惯

"孩子怎么都养不成学习的习惯，该怎么办呢？"

这是很多学生家长经常问我的问题。

确实，即使掌握了学习方法，如果不能坚持下去也不会成功的。要想坚持学习，有几个诀窍。

最简单、最快速的方法是把学习与每天已养成习惯的事情结合在一起。比如决定在学习班接送的校车上听英语 CD、在上班的电车里一定要学习等等，这样的话，就会毫不犹豫地每天都做下去。

还可以将其放在日常生活中必不可少的事情上。其中最适合的事情就是泡澡。因为所有人都要泡澡，所以如果能把这个时间用于学习的话，一定能形成习惯。

我从小就在浴室里学习。小学的时候，我在浴室的墙上贴了一张特殊的日本地图，只要浇上热水就会出现文字。我就一边泡在浴缸里一边背诵地名，之后又上升到世界地图，记住了世界各地的地名。这样做，即使没有刻意培养，也会自然而然地形成学习的习惯。

如果只想在浴缸里好好放松一下的话，不必非要强迫自己学习。但如果觉得泡澡太浪费时间了，那么请一定要把这个时间转换成学习的时间。

在浴缸里学习需要不怕水的教材，特别推荐把想要记住的内容写在纸上并塑封起来的方法。

现在的塑封机只需要几千日元就能买到，可以自己轻松制作。而且，还有专门面向高中生的泡澡专用的学习参考书，可以购买这种参考书。

洗头的时候无法看教材，所以推荐使用防水耳机或浴室用音箱，通过播放声音来学习。

还可以在泡澡的时候播放根据第 2 章中自问自答法录制的内容，也能高效地实现自动化复习。

如果养成了这种学习习惯，即使不特意抽出时间，每天的学习时间也能延长 20 至 30 分钟，可以有效提升学习效率。

另一个任何人都必须去的地方就是卫生间。

建议大家把想学习的内容贴在卫生间的墙上。

但是，与泡澡不同，人们不会在卫生间待很久，所以不建议学习新的知识点，最好是将迄今为止学过的和将要学习的目录贴在墙上。

　　将这些内容整理成一页的话，看起来一目了然，学习效果比较好。养成在卫生间内学习 5 分钟后出来的习惯，也能够提高学习效率。

做让人赞叹不已的事

我曾在 3 个月内成功减肥 12 公斤。

"因为竞技歌牌的名人战在即，所以我想变瘦一点，以便更好地做动作。"虽然我有这样的想法，但如果单纯因为这一个原因，完全没有必要把体重减轻那么多。

促使我下决心减肥的更重要原因是一位关系很好的朋友说的一句话："最近你有肚子了。"

因为我和这位朋友约好了在 3 个月后，也就是名人战前后的某个时间再次见面，我很想到时候让他大吃一惊，让他对我刮目相看："你居然 3 个月内瘦了这么多，太厉害了！"所以我才下决心进行减肥。

在外人看来，我是为了名人战才瘦下来的，但其实我真正的减肥动机仅仅是想听到朋友对我的赞叹而已。

"为了名人战而瘦身"是个高大上的理由，但其实真正引发积极动力的，反而是那些很单纯的欲望。

从这个减肥的故事可以看出，要想实现目标，需要3个要素。

第一个要素是"被称赞"。

每个人都多少会有被认可的欲望。Instagram[①]等应用软件之所以如此火爆，也正是因为这种希望别人看到、希望被人夸赞的欲望吧。

得到别人的夸奖，就满足了被认可的欲望，想继续被人夸赞，就需要继续加油坚持下去。

很多事情之所以能够一直坚持到底，最大的原因都是因为能够得到别人的认可和表扬。

第二个要素是"数字化目标"，第三个要素是"时间轴"。

在我减肥的事例中，我的数字化目标就是"12公斤"这个看起来很难实现的数字，所以才会让周围的人如此震惊。

"3个月"的这个时间轴也很短。即使减掉同样的体重，但如果花费的是3年的时间，也根本不可能有这么大的冲击

---

① Instagram（照片墙）：是一款移动端社交应用，以快速、美妙和有趣的方式将抓拍下的图片彼此分享，并可以在微社区通过关注、评论、点赞等操作与其他用户进行互动。

性效果。

正是因为"3个月减掉 12 公斤"中的数字，才会让人对我刮目相看。每当我想到自己瘦下来时朋友和周围人们的惊讶表情，我就会非常兴奋，甚至可以说我正是为了看到这种场景才能将减肥坚持到底的。

这 3 个要素也可以直接用到学习方面。如果在短时间内成绩直线上升，我相信你一定会受到周围人的表扬。

到目前为止，我已经介绍了很多达成学习目标的方法，只要掌握了其中的要点，就可以轻松地达成目标。

学习和减肥，这两件事其实非常相似。

能够成功减肥的人，学习的时候也一定能够实现目标，反之亦然。

迄今为止经常遇到挫折的人，请一定要设定一个能够让别人赞叹不已的目标，然后重新挑战。

给自己制造良好的反馈

如前所述，人受到表扬后被认可的欲望得到满足，从而会提升积极向上生活的动力。

对于自己的学生们，我只要感觉到他们在努力就会立刻进行表扬。

一旦受到表扬，学生们就会感到很安心，自信心也提升了不少，这样他们能够继续轻松地前进。

但如果是自学，很难被人夸奖。因此需要自己宣传学习成果，打造一个被人表扬的场所。

过度宣传容易令人生厌，会被人认为是在炫耀。但是现在随着 SNS① 的发展，宣传自己这件事变得越来越方便和自然。

和以前相比，现在大家可以通过各种社交媒体平台和

① SNS：指社交网络服务，包括了社交软件和社交网站。也指社交现有已成熟普及的信息载体。

App 随心所欲地宣传自己，因此一定要好好利用这种方法。

我在进行肌肉锻炼的时候，经常看别人是怎么锻炼的，肌肉是如何变化的，从而下决心"我也要加油！"增加了锻炼的积极性和动力。

同样，在 SNS 上上传我自己的竞技歌牌练习后，我会收到相当多观看者的点赞。正是因为满足了被认可的欲望，我投入到歌牌练习的积极性得到很大提升。

如今很多学生都有自己的网络学习账号。这样有助于收集到更多有关学习的信息，还可以交到参加相同考试的志同道合的朋友，所以这是一种很好的信息交换方式。

但是，与此相比，网络学习账号更重要的作用是，通过发送自己的学习内容受到别人的关注，满足被认可的欲望，从而有效地提升自己全身心投入学习的热情。

据说在某所重点私立高中，学生之间经常相互展示考试成绩并进行探讨学习。

我认为，在网络世界以外，在现实世界中与别人进行相互展示是一件很好的事情。

为了提高成绩，有效的引导方法越多越好。

如果我们既有做得真好的成就感，又有因为被认可而产生的自我肯定感，就一定能不断地取得成功。

　　最简单的提高积极性的方法就是被人夸奖。

把看似毫无关联的事物联系起来，无论何时何地都在学习

还记得第 1 章提到的多重潜能者的话题吗？

头脑聪明之人和专注于学习之人，可以将多个领域的事物联系起来，创造出新事物。

他们很擅长找到他人看来似乎毫无关联的事物之间的共通点，并加以灵活运用。

这样的人，即使对这些事物只是一知半解，但由于他们早已形成了自己的知识记忆储备库，一旦遇到与已知类似的新知识点，他们马上就能够回想起来，并运用逻辑和联想力融会贯通地把新知识点吸收进来。

把事物联系在一起进行思考，就会不断地产生新的想法，学习也变得快乐起来。等自己意识到的时候，已经自然而然地实现了对学习的全身心投入。

聪明之人会自然而然地进行着这种关联作业，一旦养成

了习惯，就能够提高实际应用能力，也可以取得全身心投入的专注力。

创建了苹果公司的史蒂夫·乔布斯在 2005 年美国斯坦福大学的毕业典礼上的演讲中说过："要把点点滴滴串联起来。"

乔布斯从大学退学后，做了一阵自己喜欢的事情，这对于 Mac 的产生起到了很大的作用。

把点点滴滴串联起来，也就是说即使是点点滴滴的零散经验，将来也会以某种形式联系起来。在和很多东大、京大的学生，以及头脑聪明的人聊天时，我发现他们的"连接感"是共通的。

仔细想想，在《哆啦 A 梦》里出现的很多内容也是如此。

比如将竹蜻蜓和直升机组合而成的"竹蜻蜓飞行器"，"翻译"和"魔芋"①的谐音结合而成的"翻译魔芋"等等，都是将看似毫无关联的东西联系在一起构成的。哪怕只是想象一下如果有这样的东西就好了，也一样能够提高思维能力和创新能力。

_____

① 在日语中"翻译"和"魔芋"的发音很像。

养成将各种事物关联起来思考的习惯，就会增加知识的深度，知识之间的关联也会增加。

这种感觉和学以致用的感觉非常相似。

不要把学到的东西停留在死记硬背的阶段，要把它变成能够实际应用的能力。为了锻炼这种能力，首先要建立"学习无处不在"的意识。此外，还要经常考虑如何学以致用，形成一种思维习惯。

一旦建立了"学习无处不在"的意识，日常生活中的所有一切都会对学习产生积极的作用。

如果能经常思考如何学以致用，养成一种思维习惯，就能培养出抓住问题本质的能力。

只要改变了平时的意识，你就会发现其实学习无处不在。

把时间和金钱赚回来

大家都有过这种经历吧，去吃自助餐的时候，为了把花出去的钱吃回来，结果把自己撑得够呛。反正我是有的。

人是一种只要付出了金钱就想要收回成本的生物，这就是第 1 章中介绍的"沉没成本效应"。如果能很好地利用这种效应，就能帮助你全身心地投入学习。

准备参加资格考试的人，要先交钱去报名。利用不能浪费报名费的心态去学习。

这个方法非常有效，而且还可以避免以"这次准备还不够充分，下次再报名"的借口拖延。

与此类似，如果已经在学习上花费了很多的时间，就会产生"如果放弃就太可惜了"的心态。

我在高考前，不仅通过记录学习时间获得了成就感，还产生了一种"已经学了这么久，不坚持下去就太可惜了"的心理。

可以通过智能手机的应用程序来记录学习时间。通过记录并将其可视化以后，无论是从获得成就感的意义上来看，还是从促使自己坚持到底的意义上来说，都是非常有效的，请一定要实践一下。

· 积累金钱和时间

↓

· 想收回成本，感觉放弃很可惜

↓

· 继续坚持学习

如果能形成这样的走向，一切就都胸有成竹了。

我觉得在 RIZAP 健身中心，大家之所以能够减肥成功，很大程度是先付了钱的缘故。

花了好几十万日元，如果不能瘦下来的话就太浪费了！这种心态使得很难坚持下来的减肥成为可能。

一直以来，我不仅在学习上，在学习以外的事情上也是要打造仪式感的性格。

我在读研究生的时候也是如此。当时我非常沉迷于投飞镖。那时候我每天都会连续练习 5 ~ 6 个小时的飞镖，为此也花了不少钱。

我不仅购买了飞镖箭，为了能在自己家中练习，还购买了飞镖板，甚至还从京都跑到横滨的专家那里去上课。现在想想，真的是没少花钱。

无论什么事，要想持续地投入其中、沉迷于其中，都需要有能量。

很多事情在刚开始做的时候很开心，一旦感到力不从心就开始烦恼。在这种时候，就需要用花费了这么多时间和金钱的事实，让自己坚持下去。

从略感兴趣到乐此不疲

有句话叫作"越嚼越有味道"。

无论做什么事，如果从一开始就能全身心投入当然是再好不过了，但这很难做到。

例如学习英语的情况。背诵语法和单词很枯燥乏味，非常辛苦，难以坚持。但是，如果能克服这一点，学习英语就会逐渐变得有趣起来。

当阅读原版书时，忽然感觉能看懂了，或者在看外国电影时，很多内容都能听懂，就会产生很大的成就感。

这样的话，自然而然就会产生想要再继续学习下去的动力。

我现在从事教学工作，在学习班里担任英语专业的主任，但我并非从一开始就擅长英语。

我在小学低年级的时候参加了英语会话培训班，这里的游戏要素很强，所以我可以快乐地学习，但是语法是完全不懂的。

后来我在英检五级考试的专门学习班里又学了一年，仍旧没能完全掌握语法点。

但是，在小学六年级的时候，有一次在车里听了英语故事，而且从母亲那里学到了很扎实的英语最为基础的部分，以这两件事为契机，我逐渐学懂了英语。最终，我越过英检五级考试，直接考过了四级，接下来又通过了三级考试，在初二的时候通过了二级考试。

我毕生爱好的竞技歌牌也是一样的。

竞技歌牌首先需要记住每个牌面的内容，所以被公认为非常具有难度的记忆项目。但是，一旦越过了这个困难，竞技歌牌玩起来就会变得越来越开心。特别是成为四段以上的A级别以后，就从单纯的快速抽取歌牌的比赛转变为与对方进行心智博弈的战略性比赛，比赛就会变得既愉快有趣又充满魅力。

话虽如此，在找到学习的乐趣之前，我们很难始终如一地坚持努力学习。

不要突然豪情万丈地宣言"绝对能坚持下来！"为什么

说不要过于情绪激昂呢？这是因为万一遇到无法坚持下去的时候，我们会受到很大打击，会失去再次挑战新事物的勇气。

即使没能坚持学习，也完全不必自责。只要曾经学习过，哪怕只学习了很少的部分，也非常有意义。

每个人都会有一两件一直想做，但始终没完成的学习项目。

当你想要再次学习的时候，会比完全从零开始的人更加顺畅地投入学习。

学习的契机不一定会出现在哪里，可能只是微不足道的小事就成了学习的动力，瞬间提高了积极性，并使自己全身心投入学习中。

正因为如此，这种"迈出第一步"和"曾经学习过"的状态积累得越多越好。

要积极地进行正向思考。任何人都是从初学者过来的。即使中途放弃了，总有一天还会有机会的！

东大学生和京大学生们的爱好——背诵

　　我在参加日本电视台的节目《头脑王》时，用英语背诵了美国第 16 任总统亚伯拉罕·林肯的《葛底斯堡演说》的开篇词。其实我不仅能背诵开篇词，还能背诵全文。

　　其全文如下：

Four score and seven years ago, our fathers brought forth on this continent a new nation: conceived in liberty, and dedicated to the proposition that all men are created equal. Now we are engaged in a great civil war, testing whether that nation, or any nation so conceived and so dedicated, can long endure. We are met on a great battle-field of that war. We have come to dedicate a portion of that field as a final resting place for those who here gave their lives that this nation might live. It is altogether fitting and proper that we should do this. But, in a larger sense, we can not dedicate—we can not consecrate—we can not hallow—this ground. The brave men, living and dead, who struggled here have consecrated it, far above our poor power to add or detract. The world will little note, nor long remember, what we say here, but it can never forget what they did here. It is for us the living, rather, to be dedicated here to the unfinished work which they who fought here have thus far so nobly advanced. It is rather for us to be here dedicated to the great task remaining before us—that from these honored dead we take increased devotion to that cause for which they gave the last full measure of devotion—that we here highly resolve that these dead shall not have died in vain—that this nation, under God, shall have a new birth of freedom—and that government of the people, by the people, for the people, shall not perish from the earth.

———Abraham Lincoln

这些内容我都能背下来，在问答环节中被提问时，我背诵了一段开篇词，引起了大家的关注，同时这也成了我开始写书和开办学习班的契机。

我很喜欢背东西，自己喜爱的漫画场景中的台词全都能背下来，并且能演绎出来。我曾经以为这是自己与众不同的特殊爱好，并没觉得这是头脑聪明之人的特征，但在录制《秋刀鱼的东大方程式》节目时，这种想法发生了变化。

有位东大的学生，能将动漫《名侦探柯南》的第○集、第■集、第△集中的指定场景全都记忆在大脑里，并现场演绎出来。

还有一位京大的学生，能模仿日本环球影城 USJ 所有娱乐设施的开场白，而另一位东大的学生则表演了迪斯尼乐园里面的娱乐设施的开场白。

听到这些，其他学生们也纷纷积极地表示"我可以说这个""我也会那个"，气氛一度热烈火爆，差点无法结束。

于是那时我就在想，原来喜欢背诵并不是什么奇怪的爱好，对东大的学生和京大的学生来说甚至是理所当然的。当时参加录制节目的学生之间也都感受到了一种共鸣的氛围，原来大家都喜欢背诵啊。这件事让我再次感受到了头脑聪明之人能够感受到背诵和记忆的魅力所在。

正常情况下根本不可能记住的背诵量，他们为什么能轻松地倒背如流呢？

答案简单明了。

因为，喜欢。

因为喜欢，所以能够全身心地投入，边乐在其中，边记在脑中。

这不仅限于头脑聪明之人，比如模仿艺人也是如此。因为喜欢模仿的对象，为了更接近本人而反复研究，所以即使台词再长也能记住。这个过程绝对不是痛苦的，而是快乐的。

我在学生时代，有一次和朋友们在家打麻将，我从头到尾背诵了由麻将漫画改编的动漫《斗牌传说》的第1集的全部旁白。这段长达24分钟的台词，我在中途没有丝毫的停顿和迟疑，令大家惊叹不已，气氛一度十分热烈。这件事给我留下了非常愉快的回忆。

其实，背诵漫画中的场景并没有任何现实的意义，只是单纯的一种自我满足而已。

但是，这种记忆的快感和愉快地沉迷其中的感觉，一定会在学习中，在需要记忆背诵的时候，提供有效的帮助。

漫画也好，电视剧也罢，请尝试着去记忆自己喜欢的东西。

本来，学习只需要记住重要的内容就可以了，但如果具有全部背诵的能力，学习一定能够轻松取胜。

必须做的事，要在最短时间内完成

如果沉迷于某件事，就会希望把时间都花在这件事上，这是理所当然的。反过来也可以说，不想把时间花在其他事情上。因此，如果有些事情是必须要做的，就要尽量在最短时间内完成。

在我的周围，有很多人为了在最短时间内完成必要之事而费尽心思。而且，他们这种"最短时间内完成"的时间，和一般人做同样事情的时间相比，简直有着天壤之别。

比如我在京大的一位学妹，她整日专注于竞技歌牌和研究生院的微生物研究这两大领域。

她最厉害的地方是，她会一直睡到马上要出门的时候才起来，然后只需要短短的 10 分钟就能打扮好自己走出门去。一般来说，女生出门前至少得需要 30 分钟的时间，但是她在 10 分钟内不仅能穿戴整齐，而且还能画个淡妆才出门，这不得不令人惊讶。

也许，这正是因为想把时间都花在想做的事情上，才创造出了自己独特的高效技术。

以我自己为例，我曾经和一位学弟一起挑战过洗澡最快需要几分钟。

我目前的记录是 2 分 30 秒，但我仍在不断地思考是否能进一步缩短时间。这种时间的缩短，是指在不偷工减料的前提下，自己寻找更好的方法提高效率，从而缩短时间。

顺便提一下，我也为自己制定了一种穿衣模式。因为我不想浪费时间和精力去考虑穿什么，该如何搭配。这是众所周知的史蒂夫·乔布斯的穿衣风格给我带来的启发。

在这方面做的努力越多，做自己想做的事情的时间就会越多。

经常听到有人说"我有想做的事情，却没有时间"，但从我的角度来看，我完全无法理解。

时间对每个人都是平等的，重要的是如何利用时间。虽然这几句话是老生常谈，但真正认真思考过时间这个问题的人却少之又少。

反之，如果对时间进行深入的思考，仅此一点就能与周围的人拉开距离。

坚持本身就会产生成就感

踏实努力、坚持不懈，是一件朴实无华的事情。我一直都这么认为。直到前面提到的我成功减肥 12 公斤的时候，这种意识才发生了改变。

刚开始减肥的时候我感觉很辛苦，觉得这种需要踏实努力、坚持不懈的事情不适合自己，不是自己擅长的领域。直到有一次忽然感觉到"自己居然能如此坚持不懈，好厉害！"于是，这种朴实的坚持变成了一种成就感。

朴实 × 脚踏实地 = 成就感

一般人可能很难理解上面的方程式，但通过这件事，我的心中便认证了这个方程式。

博客名为"脚踏实地的诀窍"的博主小堀纯子是一位笔记指导顾问，这十多年来，她每天都会更新博客，一天都没有中断过。

她原本是那种三天打鱼，两天晒网的性格，但不知从什么时候开始，她变得喜欢踏实努力、坚持不懈。

其实，并不是她的性格发生了变化，她只不过是掌握了坚持到底的诀窍而已，这其中就包括成就感。

产生成就感的要素之一是要有自己觉得自己很厉害的感觉。你可能会认为被人夸奖才会开心，但毕竟这是需要取得成就以后才能获得的。"能如此坚持不懈的自己真厉害！"这种自我欣赏也能够带来成就感。

另一个产生成就感的要素是成果的可视化。

比如，减肥瘦了几公斤，博客连续发表了几天，等等。看到这些具体的数字，就会产生一种"继续努力，加油！"的动力。

在学习方面，我也教过学生们记录学习时间和学习页数的方法，如果能把做过的事情通过可视化数据体现出来，就能够提高学习的积极性。

这种感觉，以"存款"来比喻会比较容易理解。大家是否有过这种经历呢？一点点地把钱存起来，看着存折上的数字会情不自禁地露出微笑。本来日本人就是一个擅长踏踏实实地积累工作经验的民族，所以在学习方面，也一定能够踏踏实实努力，坚持不懈。

据说无论做什么，只要坚持两周就能够形成习惯。

即使做不到两周，刚开始的时候可以先做三天。接下来再逐渐延长到一周、两周。

一旦感受到了坚持所带来的成就感，就不会再觉得学习很辛苦了。头脑聪明之人都体验过坚持不懈带来的成就感。

有针对性的改造学习

到目前为止，我一直将享受学习作为全身心投入的大前提，如果能做到这一点就再好不过了。

在无论如何都做不到享受学习的情况下，还有一种方法可以让学习的过程变得愉快。在本书的最后，我把这个珍藏已久的方法告诉大家。

我在上高中的时候，几乎没学过化学。因为我对化学不感兴趣，而且高考也不考这科，所以上课的时候，我基本都是坐在教室的后排偷偷地做别的科目。但是，到了真正考试的时候，不可以不及格。

所以在考试前一天，我和朋友商量干脆做小抄作弊吧，于是我们尝试了写在橡皮上或小纸条上的方法，也研究了如何偷看才能不被发现的方法。

要想在这么小的纸条上写字，就必须筛选公式，还必须总结出要点。需要自己考虑抄写哪些内容才能得分，并进行总结。

我在做这些事情的过程中，突然意识到我现在就正在认真地投入学习。最终，我在考试时没有作弊，而是正常地通过了考试。

把制作小抄的目的转变一下，从为了考试作弊转变为制作小抄本身，这样就能够实现学业的进步，而且这个过程也非常愉快。

当然了，做小抄这件事并不是一件好事，但我觉得，如果无论怎样都无法专注于学习的话，就当作开玩笑一样愉快地试试吧。

目的不一定非要围绕着学习，比如"想让我喜欢的女孩对我刮目相看"这样的目的也可以，按照第3章中介绍的"承诺合同"那样去设定奖励，并为此而努力也是可以的。在改变目的的过程中，一定会变得快乐起来。

本书介绍了几种通过改变学习目的，找到全身心投入学习的切入点的方法。

最初的目的可能是考试合格或者提高分数等。要想实现这个目的，最重要的不是那些耍小聪明的窍门，而是投入和享受。为此，本书介绍了很多享受学习乐趣的方法。

除了我介绍的方法以外，当然也可以使用其他的方法。有了想法以后，先去实践一下，你一定能够找到激发自己学习动力的方法。

最重要的是要有一种让无趣的世界变得有趣的精神。

我也通过改变目的，找到了许多快乐学习的方法，并成就了现在的这份教书育人的工作。这使我即使在大学毕业以后，也可以通过教书育人使自己一直保持着学习的状态，而且做得非常开心。

如果只是为了完成别人要求自己做的事，即使做得很认真，也不是真正的学习。

既然怎样都要做，那就全力以赴地投入，全力以赴地享受吧！

学习也好，人生也罢，只有快乐的人才是赢家。

附　录

高手都在用的 6 个学习法

费曼学习法

费曼学习法包括 4 个核心步骤。第一步：选一个你想学习的概念；第二步：设想面对 10 岁的孩子，你应该用什么语言解释清楚这个概念，并让孩子完全听懂；第三步：如果你无法解释清楚，重新回头把这个概念研究一遍，直到这个概念被流利地解释出来；第四步：继续升华，用更简洁的语言和类比等技巧来完美阐释概念。

番茄工作法

使用番茄工作法需准备的工具：一个番茄计时器，3 张表格。

使用番茄工作法需遵守的规则，第一步：一个番茄时间共 30 分钟，25 分钟工作，5 分钟休息，一个番茄时间是不可分割的；第二步：每 4 个番茄时间后，停止工作，进行一次较长时间的休息，大约 15 到 30 分钟；第三步：完成一个任务，划掉一个。

番茄工作法的精髓：1.一次只做一件事，保持专注；2.按照轻重缓急程度分解目标任务并高效完成；3.做完一件划掉一件，增加成就感，避免半途而废；4.整理杂乱无序的工作事项，克服拖延症；5.持续性改善时间管理能力，让优秀成为一种习惯。

金字塔原理

　　金字塔原理是一项具有层次性的思考和沟通技术。金字塔原则假设你已经知道如何写出漂亮的句子和段落，而它所关注的是你落笔之前的思考过程。这项写作思考方法要求写作者在写作之前先对提纲挈领的中心思想进行归类。支持性观点可以基于归纳推理和演绎推理来取得。

　　金字塔原理其实就是以结果为导向的论述过程，或是以结论为导向的逻辑推理程序。其中，越往金字塔上层的论述，价值就越高。

多元思维模型

    多元思维模型，是通过结合多个学科的知识、不同的维度来观察事物和分析问题。它就像是一整套解决问题的工具箱，往往可以得出比较准确的结论。

    多元思维模型是巴菲特的合作伙伴查理·芒格多次提到的一个概念：一个思维模型其实就相当于你大脑中一个用于做决策的工具，你拥有的工具越多，你就越能够做出正确的决定。

    单一的思维模型往往就只是从一个方向或者从某个维度上进行思考，这也是我们生活中很大一部分人的思考习惯。而现实中的很多问题是非常复杂的，涉及很多的方面，只靠套用一种固定的理论思维模式并不能有效解决。

5W2H 分析思考法

又叫七问分析法：1.What，指目的是什么？ 2. Why，为什么要做？可不可以不做？有没有替代方案？ 3. Who，谁？由谁来做？ 4. When，何时？什么时间做？什么时机最适宜？ 5. Where，何处？在哪里做？ 6. How，怎么做？如何实施？方法是什么？ 7. How Much，做到什么程度？

这个思考法用 5 个以 W 开头的英语单词和 2 个以 H 开头的英语单词进行设问，可以帮助大家发现解决问题的线索和思路。

康奈尔 5R 笔记法

又称康奈尔笔记系统，旨在帮助学生高效地做笔记。 康奈尔笔记系统把一页纸分成了三部分：右上最大的空间是我们平时做笔记的地方。左边竖着的空间叫作线索栏，用来归纳右边的内容。下面横着的一栏是用来做总结的，就是用一两句话总结这页记录的内容。

需要注意的是，做笔记和归纳不要同时进行。在回顾笔记的时候再做归纳效果最佳。总结的工作可以在实践阶段再做，起到对笔记思考消化的作用。

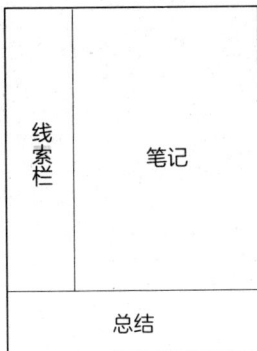

线索栏	笔记
总结	

| 后记

我在上初中的时候迷上了各种"学习术"。放学的路上一定要去车站的书店转转，只要是以学习术命名的书，就马上买回家。

之后，我逐渐开始阅读心理学和脑科学等超出初高中生阅读难度的书籍，到大学一年级为止，我总共阅读了约 500 本书。

随后，我便开办了在线一对一指导学习班"籴原学园"，学生从小学生到成人都有，我为他们进行应试学习和各种资格考试的学习方法指导。

那时候我还只是个大一的学生，刚刚办班进行指导不久便受到了打击。

原因是有的学生即使学会了有效的学习方法，但成绩并没有得到提高，所以就从籴原学园退学了。

我一直认为的"只要掌握了有效的学习方法，任何人都能提高成绩"的想法被打破了。

于是我便开始思考，有没有什么方法可以让任何人都能专注于学习，并使成绩得到提升呢?

幸运的是，我在竞技歌牌和几项运动中都取得了优异成绩，我考入的京都大学中有很多非常优秀的人，我从他们身上学到了很多可以帮助提高成绩的实用技巧。

另外，在参加《头脑王》（日本电视台）时，我与许多极为优秀的东大学生和京大学生成了朋友。我想我一定能从这些资源中获得一些提高学习能力的提示。

最终，我得出的答案是全身心投入。我认为，只要能做到全身心投入，任何人都能获得成功。

我意识到自己迄今为止所取得的成果，无一例外都是自己全身心投入的结果。

当我的竞技歌牌实力快速提升的时期，每天无论睡觉还是醒来，满脑子都是竞技歌牌。在车里也经常播放歌牌的CD，回家后便自己一个人摆开歌牌开始练习。

我周围的京大学生、东大学生也都是如此。总而言之，他们都能做到全身心投入，专注力很强。我认为这才是学习取得成功的必要因素。

为了实现目标，掌握有效的学习方法是非常必要的。但是，比这更重要的是，能够对学习拥有多少热情，能否全身心投入于学习。自从我的意识转变以后，粂原学园的学生们也发生了很大的变化，学生们的成绩得到了惊人的提升。

本书总结了专注学习、实现目标的方法。这些方法都是在我所知的范围内，经过亲身检测着实有效的方法，如果本书能够帮助大家实现自己的目标，则幸甚至哉。

另外，在本书的写作过程中，得到了钻石社的武井先生和狩野先生的大力协助，如果没有这二位的帮助，本书就无法完成。借此机会，深表感谢。

2020 年 1 月

粂原圭太郎

参考文献

·《大脑训练方法：提高你的注意力》篠原菊纪著，
FOREST 出版社

·《斋藤孝的 30 分钟散步法》斋藤孝著，实业之日本社

·《超集中力》DaiGo 著，KANKI 出版社

图书在版编目（CIP）数据

如何成为一个会学习的人/（日）粂原圭太郎著；富雁红译. —— 武汉：
长江文艺出版社，2020.12（2022.5重印）
ISBN 978-7-5702-1935-3

Ⅰ.①如… Ⅱ.①粂… ②富… Ⅲ.①学习方法
Ⅳ.①G442

中国版本图书馆 CIP 数据核字（2020）第238469号

著作权合同登记号　图字：17-2020-257

HENSACHI 95 NO BENKYOHO
by Keitaro Kumehara
Copyright 2020 Keitaro Kumehara
Simplified Chinese translation copyright 2020 by Beijing Mediatime Books Co., Ltd.
All rights reserved.
Original Japanese language edition published by Diamond, Inc.
Simplified Chinese translation rights arranged with Diamond, Inc.
through BARDON-CHINESE MEDIA AGENCY.

责任编辑：张莹莹　　　　　　　责任校对：武环静
封面设计：郭　鹏　　　　　　　责任印制：张　涛

出版：长江出版传媒　长江文艺出版社
地址：武汉市雄楚大街 268 号　　　邮编：430070
发行：长江文艺出版社
　　　北京时代华语国际传媒股份有限公司　（电话：010-83670231）
http：//www.cjlap.com
印刷：三河市宏图印务有限公司

开本：880毫米×1230毫米　1/32　　印张：6.5
版次：2020 年 12 月第 1 版　　2022 年 5 月第 12 次印刷
字数：100千字

定价：48.00 元